# Master Key

蠻荒境域，
　　由發現通向文明。

閉鎖心門，
　　自曙光終結幽黯。

法律的事，
　　經永然文化的Master key
　　開啟峰迴之路。

U540076

*12* 採購營繕投標法律系列

# 政府採購

## 法律解析與爭議解決

李永然律師◎著

# 自序

　　《政府採購法》是政府機關、公立學校、公營事業於辦理工程定作、財物買受、定製、承租及勞務之委任或僱傭等等事項所必須遵循、參考的一部法律。其內容涵蓋了採購的整個過程，從需求評估、招標、決標、履約管理、驗收到爭議處理、罰則，都有詳細的規定，其立法的目的在於確保政府採購的公開、公平、公正，以達到節省公帑、提升採購效率、維護公共利益及防止貪腐等目標。

　　我國《政府採購法》於民國87年5月27日公布，民國88年5月27日正式施行，至今超過二十五年，其間隨著社會、經濟環境的變遷及科技的快速發展，原有的法規已無法完全適應新的需求，因此，前後歷經六次的修訂，以因應時代的變革，符合現行社會所需。

　　我執行律師業務超過四十五年，接觸過許多來自民間廠商或政府機構有關政府採購的案件，深知《政府採購法》所涉及的層面甚廣、程序繁雜，需要透過專業法律人士的協助才能了解其中的訣竅。尤其政府採購的費用都是來自人民所繳納的稅金，承辦政府採購業務人員也擔心稍有不慎就被貼上浪費公帑、圖利廠商的標籤，因此，廠商若希望能從龐大的政府採購預算中掌握商

機,對於《政府採購法》就必須有更深入的認識,方能達到雙贏的局面。

我為了推廣「政府採購」的法律知識,三十多年來,永然文化出版公司辛苦耕耘,曾發行十餘本有關政府採購的圖書,從政府採購的基本認識,到採購契約的訂立、最有利標到異議申訴、爭議的解決,邀請律師、學者等法律專業人士撰寫成書,詳細解析《政府採購法》的各項重點及爭議解決要點,成為辦理政府採購必備的參考書籍。

為了提供讀者最新的資訊,本次特別針對原先已出版的《工程及採購法律實務Q&A》及《政府採購法律爭議實務Q&A》兩本書內容,去蕪存菁,將我在處理法律實務過程中,當事人常詢及之問題彙整及採購人員常遇到的法律爭議加以統合,根據現行法規做完整的修正,成為《政府採購法律解析與爭議解決》一書,本書內容包含:招標、決標、押標金與保證金、開標及決標、合約、施工及驗收、爭議處理及其他等八大篇章,為了方便讀者理解,也添加一些圖表及流程圖,還有相關書狀範例提供參考,使讀者易於了解與運用。

期盼為有意參與政府採購的民間廠商或政府採購業務人員,提供有效率的入門之道;同時以簡單易懂且實用的內容,整理出政府採購各階段的爭議問題,輔以相關的行政函釋、司法實務見解,讓雙方能輕鬆掌握《政府採購法》。

本書能順利付梓，感謝「住更新建築經理股份有限公司」楊宗錦董事長的支持與永然文化出版公司吳旻錚主編協助校對、編輯，謹藉本序一併誌謝，同時敬祈各界對於本書不吝指正！

李永然 序於永然聯合法律事務所

2024.10.10

# 目錄

- 李序 ................................................................................. 5

## 第一篇 招標

- 政府機關辦理工程招標時，要遵守哪些保密規定？ ............ 17
- 「特殊採購」、「巨額採購」是指哪些情形？ .................... 18
- 廠商參與特殊或巨額採購的法律須知 .................................. 20
- 《政府採購法》對於機關採購如何規定投標廠商資格？ .. 25
- 政府採購中的綁標行為，有何處罰規定？ .......................... 28
- 政府機關的採購，何種情形下可採用選擇性招標？ .......... 30
- 在選擇性招標情形下，廠商如何注意資格審查？ .............. 33
- 政府機關於什麼情形下，得辦理限制性招標？ .................. 35
- 機關辦理限制性招標的程序如何？ ...................................... 38
- 政府機關辦理招標，相關「等標期」的規定如何？ .......... 40
- 承包廠商可以請求閱覽公共工程招標文件嗎？ .................. 42
- 政府機關在何種情形下可以採用「統包」？ ...................... 44
- 機關重新公告招標，投標廠商能否用原招標文件投標？ .. 47

## 第二篇 投標

- 廠商投標，須注意採購機關所訂的資格限制 ........................... 53
- 廠商投標所附之「資格審格表」要如何蓋章？ ....................... 55
- 廠商對政府採購之「共同投標」的應有認識 ........................... 58
  - ● 各種廠商身分之相關性表 ........................................... 59
- 廠商進行共同投標，如何製作「共同投標協議書」？ ......... 61
  - ● 共同投標協議書範本 .................................................... 63
- 參與政府採購的共同投標，不得違反《公平交易法》！.. 64
- 參與政府採購的廠商如為借牌圍標的行為，會有何法律責任？................................................................................................ 66
  - ● 政府採購錯誤行為態樣——「十一、可能有圍標之嫌或宜注意之現象」表 ................................................ 67
- 《政府採購法》對於押標金有什麼規定？............................... 73
- 投標廠商須注意押標金的繳納！................................................. 75
- 被誤認具履約資格並得標的廠商如拒不簽約，招標機關能否沒收其押標金？............................................................... 77
- 參與政府採購投標的廠商未得標者，可取回押標金嗎？.. 79
- 政府機關發包工程，能否要求承包廠商繳納履約保證金？................................................................................................ 82
- 參與政府採購的得標廠商，一定要繳交保證金嗎？............. 84

## 第四篇　開標及決標

- 《政府採購法》如何規定開標及決標? ..................... 89
  - 複數決標之態樣表 ..................... 90
- 何種情形下,招標機關可以開標而不予以決標? ..................... 93
- 投標廠商對最低標決標的法律須知 ..................... 96
- 招標機關對已決標得標之廠商,可否要求對標價偏低提出說明? ..................... 99
- 廠商對於適用「最有利標」決標作業程序的應有認識 ..................... 101
- 投標廠商對採用「最有利標」決標方式的應有認識 ..................... 103
- 政府採購於何種情形下,可採用最有利標? ..................... 107
- 廠商面對競標廠商於簡報時又補充龐大的資料,該怎麼辦? ..................... 110
- 投標廠商可以估價單與投標單上的金額不一致為由,而主張決標無效嗎? ..................... 113
- 採購機關於何種情形下,得宣布廢標? ..................... 115
- 招標機關可自行撤銷決標結果嗎? ..................... 117

# 第五篇　合約

- 如何簽訂工程合約? ..................... 121
- 行政機關與私人間所訂立的契約,一定是「行政契約」嗎? ..................... 124
- 什麼是總價承包契約? ..................... 126

- 政府採購契約中如何約定「終止」或「解除」的事由？ ............................................................................................ 128
- 承包商對於工程契約變更，該如何應變？ .................. 131
- 公共工程承包商延誤履約，有何法律後果？ .............. 133
- 政府機關委託法人研究，如何約定著作權的歸屬？ ......... 136
- 政府機關委託自然人研究，如何約定著作權的歸屬？ ..... 138
- 參與政府採購得標的廠商一定要僱用原住民嗎？ ........... 140

## 第六篇　施工及驗收

- 廠商承包政府的工程，於施工時應注意哪些問題？ .......... 145
- 政府機關發包工程對公共安全有哪些規定？ .................. 147
- 廠商承包公共工程面對工程變更及新增項目應如何處理？ ............................................................................................. 149
- 廠商承包政府機關的營繕工程，竣工不合規定，卻未改善，是否會受罰？ ......................................................... 155
- 廠商承包公共工程遇有施工損害，應如何處理？ .......... 157
- 廠商承包公共工程對驗收應有的認識 ............................ 159
- 廠商承包公有建築物工程對驗收應有的認識 ................ 162

## 第七篇　爭議處理

- 已發還投標廠商的保證金，有遭採購機關再追繳的可能

- 嗎？ .................................................................... 167
- 投標或得標廠商如何才能免於遭到「不良廠商停權」處分？ .................................................................... 170
- 被採購機關認係「不良廠商」的廠商，要如何救濟？ ..... 173
- 廠商遭招標機關解除契約，尚須注意被列為不良廠商！ .................................................................... 176
- 投標廠商的投標文件在何種情形下，將被認係具有重大異常關聯？ .................................................................... 179
- 廠商不得容許他人借用自己之名義或證件參加投標 ......... 182
- 廠商借用他人名義或證件投標，法律後果嚴重！ ............. 184
- 工程爭議可循哪些法律途徑解決？ .................................................................... 187
- 廠商如何運用「調解」解決履約爭議？ ............................. 190
  - 行政院公共工程委員會採購申訴審議委員會調解案件辦理流程 .................................................................... 193
  - 調解申請書 .................................................................... 195
  - 調解陳述意見書 .................................................................... 197
  - 履約爭議調解申請書參考範例 .................................................................... 198
- 廠商參與政府採購，因履約發生爭議，可向哪一機關申請調解？ .................................................................... 205
- 申請調解，何種情形會遭到「不受理的決議」？ .............. 208
- 認識「調解建議」與「調解方案」 .................................................................... 210

- 採購申訴審議委員會調解成立，其效力如何？......212
- 廠商承攬公共工程發生履約糾紛，請求調解應如何繳費？......214
- 參與政府採購的廠商，對於哪些爭議可以提出「異議」？......216
  - ● 異議處理流程......219
- 參與政府採購的廠商，何種情形下可以提出申訴？......220
  - ● 行政院公共工程委員會採購申訴審議委員會辦理申訴案件管控流程......223
  - ● 申訴申請書......224
  - ● 採購申訴書參考範例......226
- 承包廠商不服機關的解約，能否提出申訴？......229
- 在何種情形下，採購申訴審議委員會不受理廠商之申訴？......231
- 工程合約常見之糾紛與仲裁簡介......233
  - ● 仲裁程序流程圖......241
- 工程合約訂立仲裁條款的內容......242
- 工程糾紛仲裁時，當事人如何選定仲裁人？......244
- 工程糾紛仲裁協議的訂立方式......246
- 承包商對工期展延補償爭議可以申請仲裁嗎？......248
- 承攬人面對「附合契約」的不公平條款，該怎麼辦？......250

- 承攬人在何種情形下可援用「情事變更原則」，請求增加給付工程款？ ..................................................................... 252
- 總價承攬契約發生合約漏項時，可否向定作人請求補給該部分的工程款價額？ ................................................. 254
- 定作人不為協力時，承攬人該怎麼辦？ ............................ 256
- 政府採購契約中如何約定「終止」或「解除」的事由？ ................................................................................................. 258
- 廠商對於政府採購履約爭執，透過民事訴訟解決的法律須知 ................................................................................... 261

# 第八篇 其他

- 廠商承包公共工程應投保營造綜合保險 ............................ 269
- 政府機關如何辦理民間參與公共建設？ ............................ 273
- 參考書目 ................................................................................. 276

第一篇

Chapter 1

招標

# 政府機關辦理工程招標時，要遵守哪些保密規定？

**Q** 政府機關辦理工程招標時，應遵守哪些保密規定？如有投標廠商藉「利誘」的方式，獲取其他廠商的招標資料，是否違法？

**A** 政府機關於辦理工程招標時，務必遵守保密的規定，因《政府採購法》第34條規定：「Ⅰ.機關辦理採購，其招標文件於公告前應予保密。但須公開說明或藉以公開徵求廠商提供參考資料者，不在此限。Ⅱ.機關辦理招標，不得於開標前洩漏底價，領標、投標廠商之名稱與家數及其他足以造成限制競爭或不公平競爭之相關資料。Ⅲ.底價於開標後至決標前，仍應保密，決標後除有特殊情形外，應予公開。但機關依實際需要，得於招標文件中公告底價。Ⅳ.機關對於廠商投標文件，除供公務上使用或法令另有規定外，應保守秘密。」；我國《刑法》也於第132條第1項也規定：「公務員洩漏或交付關於中華民國國防以外應秘密之文書、圖畫、消息或物品者，處三年以下有期徒刑。」

# 「特殊採購」、「巨額採購」是指哪些情形?

**Q**

我國《政府採購法》對於「特殊採購」、「巨額採購」往往有特別規定,然究竟何謂「特殊採購」、「巨額採購」?

**A**

我國《政府採購法》中有關金額的規定有四:一、查核金額;二、公告金額;三、小額採購;四、巨額採購。又《政府採購法》第36條第2項還規定,「特殊採購」或「巨額採購」須由具有相當「經驗」、「實績」、「人力」、「財力」、「設備」的廠商才能擔任者,得另規定投標廠商的特定資格。

就此問題,須參照行政院公共工程委員會所頒的《投標廠商資格與特殊或巨額採購認定標準》的規定。

首就「特殊採購」而言,在「工程採購」方面,係指有下述情形之一(《投標廠商資格與特殊或巨額採購認定標準》第6條):

一、興建構造物,地面高度超過五十公尺或地面樓層超過十

五層者。

二、興建構造物，單一跨徑在五十公尺以上者。

三、開挖深度在十五公尺以上者。

四、興建隧道，長度在一千公尺以上者。

五、於地面下或水面下施工者。

六、使用特殊施工方法或技術者。

七、古蹟構造物之修建或拆遷。

八、其他經主管機關認定者。

至於在「財物或勞務採購」方面，則係指有下列情形之一（《投標廠商資格與特殊或巨額採購認定標準》第7條）：

一、採購標的之規格、製程、供應或使用性質特殊者。

二、採購標的需要特殊專業或技術人才始能完成者。

三、採購標的需要特殊機具、設備或技術始能完成者。

四、藝術品或具有歷史文化紀念價值之古物。

五、其他經主管機關認定者。

再者，就「巨額採購」而言，也同樣會有「工程採購」、「財物採購」或「勞務採購」之分，具體言之，即（《投標廠商資格與特殊或巨額採購認定標準》第8條）：

一、工程採購在新台幣二億元以上者為巨額採購。

二、財物採購在新台幣一億元以上者為巨額採購。

三、勞務採購在新台幣二千萬元以上者為巨額採購。

# 廠商參與特殊或巨額採購的法律須知

**Q**

甲公司打算參與一項政府機關之採購工程的投標,該項工程金額達新台幣三億餘元,此為一「巨額採購」,甲公司如參與「巨額採購」或「特殊採購」時,有何應注意的法律規定?

**A**

「特殊採購」或「巨額採購」為一法律用語,我國《政府採購法》第36條第2項規定,特殊或巨額的採購,須由具有相當經驗、實績、人力、財力、設備的廠商始能擔任者,得另規定投標廠商的「特定資格」。

所以,採購機關辦理採購,固可規定「基本資格」(參見《政府採購法》第36條第1項),而在「巨額採購」或「特殊採購」,還可就「經驗」、「實績」、「人力」、「財力」或「設備」方面規定廠商的「特定資格」。

投標廠商對於這類問題,應先認識何謂「巨額採購」?何謂「特殊採購」?現分述如下:

## 一、巨額採購

依《投標廠商資格與特殊或巨額採購認定標準》（註1）第8條規定：採購金額在下列金額以上者，為「巨額採購」：

(一)工程採購，為新台幣二億元。

(二)財物採購，為新台幣一億元。

(三)勞務採購，為新台幣二千萬元。

## 二、特殊採購

此亦因屬「工程採購」或「財物或勞務採購」而有不同，現分述如下：

(一)工程採購：

其具有下列情形之一者，為巨額採購（參見《投標廠商資格與特殊或巨額採購認定標準》第6條）：

1. 興建構造物，地面高度超過五十公尺或地面樓層超過十五層者。
2. 興建構造物，單一跨徑在五十公尺以上者。
3. 開挖深度在十五公尺以上者。
4. 興建隧道，長度在一千公尺以上者。
5. 於地面下或水面下施工者。
6. 使用特殊施工方法或技術者。

7.古蹟構造物的修建或拆遷。

8.其他經主管機關認定者。

(二)**財物或勞務採購**：

其具有下列情形之一者，為特殊採購（參見《投標廠商資格與特殊或巨額採購認定標準》第7條）：

1.採購標的之規格、製程、供應或使用性質特殊者。

2.採購標的需要特殊專業或技術人才始能完成者。

3.採購標的需要特殊機具、設備或技術始能完成者。

4.藝術品或具有歷史文化紀念價值的古物。

5.其他經主管機關認定者。

廠商除明白「巨額採購」與「特殊採購」的法律規定外，還須注意招標機關對廠商之「特定資格」的規定。其實，「特定資格」不同於「基本資格」，「基本資格」主要是針對下列事項，即：一、與提供招標標的有關者；二、與履約能力有關者（參見《投標廠商資格與特殊或巨額採購認定標準》第2條）。至於「特定資格」，則係機關辦理特殊或巨額採購，於「基本資格」外，視採購案件的特殊及實際需要，就下列事項擇定投標廠商的特定資格：一、具有相當經驗或實績者；二、具有相當人力者；三、具有相當財力者；四、具有相當設備者；五、具有符合國際或國家品質管理的驗證文件者；六、其他經主管機關認定者（參見《投標廠商資格與特殊或巨額採購認定標準》第5條第1項）。

第一篇 招標

　　廠商參與巨額或特殊採購時，務必注意招標文件中，對於投標廠商除了「基本資格」外，是否還有「特定資格」的規定；如有，則務必備齊相關資料，俾符資格的要求。

　　實務上曾有一廠商參與「興建灰塘室內煤場頂蓋工程」，該採購係以一次投標、分段開標（「資格標」、「規格標」及「價格標」）方式辦理。該廠商雖已符合「資格標」，但於進行「規格標」的審查時，遭採購機關認為不符合「特殊資格」；該廠商質疑招標機關開標及審標立場不公，有蓄意排除低價廠商、包庇特定廠商之嫌。於是向該招標機關提出「異議」，遭到駁回後，又向公共工程委員會提出「申訴」，行政院公共工程委員會仍將申訴駁回。此乃因該廠商未能明瞭「特殊或巨額採購」可以對廠商做「特定資格」的限制所導致。公共工程委員會訴字第0940336號申訴案駁回的理由為：「……按機關辦理特殊或巨額採購，除得依採購案件之特性及實際需要，就與提供標的有關或履約能力有關者，訂立投標廠商之基本資格外，亦得就採購案件之特殊及實際需求，擇定投標廠商之特定資格，載明於招標文件，例如具有相當經驗或實績者，投標廠商資格與特殊或巨額採購認定標準第5條定有明文。……申訴廠商……仍欠缺各項靜／活載重興側向力之完整說明，致申訴廠商無法合理證明主結構型式或及八十公尺以上中間無支撐跨度之安全性，從而招標機關判定申訴廠商之規格標與投標須知不符，……本案招標機關判定申訴

廠商為不合格標，於法並無不合，……」（註2）該案例投標廠商的經驗，足以作為其他廠商的參考。

註1：《投標廠商資格與特殊或巨額採購認定標準》係依《政府採購法》第36條第4項的要求而訂定。

註2：參見行政院公共工程委員會編印：政府採購申訴案例彙編，頁110～112，民國96年4月四版，行政院公共工程委員會發行。

# 《政府採購法》對於機關採購如何規定投標廠商資格？

**Q**

《政府採購法》是否有規定機關辦理採購時，可以規定廠商的基本資格？於規定基本資格時，是否有限制？

**A**

按《政府採購法》第36條第1項規定：「機關辦理採購，得依實際需要，規定投標廠商之基本資格。」對於「特殊或巨額的採購」，如須由具有相當經驗、實績、人力、財力、設備等的廠商始能擔任者，得另規定投標廠商的「特定資格」（參見《政府採購法》第36條第2項）。

雖然機關於辦理採購時，得依「實際需要」，規定投標廠商的「基本資格」，但在規定資格時仍受限制，即不得「不當限制競爭」（註1），其限定的資格，僅「以確認廠商具備履行契約所必須的能力為限」（參見《政府採購法》第37條第1項）。

由此可知政府機關於辦理採購時，如投標廠商未符合所規定的「基本資格」，其投標即不予受理（參見《政府採購法》第37

條第2項前段）；除此之外，該法還特別規定「政黨與其具有關係企業的廠商」，不得參與投標（參見《政府採購法》第38條第1項）。

前述的「政黨與其具有關係企業的廠商」，包括政黨及其關係企業；而與政黨具有「關係企業」關係的廠商，準用《公司法》有關「關係企業」的規定，依《公司法》第369條之1的規定，該法所稱「關係企業」，乃指獨立存在而相互間具有下列關係的企業：

一、有控制與從屬關係的公司（註2）。

二、相互投資的公司。

註1：廠商如主張採購機關有不當限制競爭時，應提出可充分滿足履約能力之證明，再向採購機關依《政府採購法》第37條第1項規定，提出「異議」。參見張祥暉主編：政府採購法問答集，頁27，2009年10月一版一刷，新學林出版公司出版。

註2：公司在何種情形會被認為是「有從屬關係的公司」，依《公司法》第369條之2規定：「I.公司持有他公司有表決權之股份或出資額，超過他公司已發行有表決權之股份總數或資本總額半數者為控制公司，該他公司為從屬公司。II.除前項外，公司直接或間接控制他公司之人事、財務或業務經營者亦為控制公司，該他公司為從屬公司。」又前述《公司法》第369條之2第2項：「……公司直接或間接控制他公司之人事、財務或業務經營者亦為控制公司……」；條文中所謂「直接或間接控制他公司之人事、財務或業務經營者」，應

視公司對他公司是否具有直接或間接之人事任免權或支配其財務或業務經營之控制關係為斷（經濟部90年8月13日商字第0900188860號函釋）。

# 政府採購中的綁標行為，有何處罰規定？

**Q**

《政府採購法》禁止「圍標」及「綁標」的行為，出現綁標時，哪些人會受罰？

**A**

按綁標的方式有兩類：一、廠商事前知悉「機關」即將辦理採購，進而預先與「承辦人員」針對廠商資格、施工方法、設備規格等各項標準達成約定，藉以利於具有這些施工方法、設備規格的廠商參與投標與得標；二、因公共工程日益龐大、複雜，其規劃、設計、監造往往需要委由具有特殊專長技術的廠商辦理，因此受機關委託辦理規劃、設計與管理的「廠商」，利用特殊的施工法、設備規格，進而使「特定廠商」可以順利投標與得標，而達到綁標的目的（註1）。前者因具有「公務員」身分，逕自依《刑法》或《貪污治罪條例》相關處罰即可；至於後者，在《政府採購法》第88條定有「綁標罪」。

《政府採購法》第88條第1項規定，受機關委託提供採購規

劃、設計、審查、監造、專案管理或代理採購廠商的人員，意圖為私人不法的利益，對技術、工法、材料、設備或規格，為違反法令的限制或審查，因而獲得利益者，處一年以上七年以下有期徒刑，得併科新台幣三百萬元以下罰金。其意圖為私人不法的利益，對廠商或分包廠商的資格為違反法令的限制或審查因而獲得利益者，亦同。同條第2項規定，上述行為的「未遂犯」（註2）罰之。

所以綁標者，可分為「綁規格罪」及「綁資格罪」，且本罪適用的對象包括：

一、受政府委託，提供規劃、設計、審查、監造的人員。

二、《政府採購法》第39條所定受託辦理專案的人員。

三、《政府採購法》第5條第1項受委託代辦採購業務的人員（註3）。

註1：參見林鴻銘著：政府採購法之實用權益，頁251，民國92年4月五版，永然文化出版公司出版。

註2：《刑法》第25條規定：「Ⅰ.已著手於犯罪行為之實行而不遂者，為未遂犯。Ⅱ.未遂犯之處罰，以有特別規定者為限，並得按既遂犯之刑減輕之。」

註3：參見唐國盛律師著：政府採購法律應用篇，頁447～448，民國92年4月五版，永然文化出版公司出版。

# 政府機關的採購，何種情形下可採用選擇性招標？

**Q**

大大公司經常參與政府採購的投標，該公司想了解政府機關的採購在何種情形下，可採用「選擇性招標」？

**A**

依《政府採購法》第18條第1項規定，按採購方式的不同可分為「公開招標」、「選擇性招標」及「限制性招標」，現分述如下：

一、**公開招標**：以公告方式邀請不特定廠商投標（《政府採購法》第18條第2項）。

二、**選擇性招標**：指以公告方式預先依一定資格條件辦理廠商資格審查後，再行邀請符合資格的廠商投標（《政府採購法》第18條第3項）。

三、**限制性招標**：指不經公告程序，邀請二家以上廠商比價或僅邀請一家廠商議價（《政府採購法》第18條第4項）。

由以上說明，可知「選擇性招標」是招標方式之一，此種方

第一篇 招標

式的最大特徵就是一定要先辦理廠商資格審查，而且辦理時一定要以「公告方式」爲之，這是爲了兼顧公開的原則與實際需要而設定的規範（註1）。機關辦理選擇性招標，依《政府採購法》第42條第1項規定，得就「資格」、「規格」與「價格」採取「分段開標」（註2）。

然在哪些情形下的採購，可以採「選擇性招標」？依《政府採購法》第20條規定，機關辦理「公告金額以上的採購」（註3），符合下列情形之一者，可以採用「選擇性招標」：

一、經常性採購：指該機關常反覆辦理該類採購事項。

二、投標文件審查，須費時長久始能完成者。

三、廠商準備投標需高額費用者。

四、廠商資格條件複雜者。

五、研究發展事項：指機關爲了達成既定的科技發展、人文社會科學或行政政策目標，所辦理的基礎研究、應用研究或技術發展計畫。

機關辦理選擇性招標，對廠商資格仍應注意以下三點：

一、機關爲辦理選擇性招標，得預先辦理資格審查，建立合格廠商名單；如係「經常性採購」，則應建立「六家」以上的合格廠商名單（《政府採購法》第21條第3項）。

二、機關辦理選擇性招標，應予經資格審查合格之廠商平等受邀的機會（《政府採購法》第21條第4項）。

三、辦理選擇性招標,可以選擇下列方式之一為之,並於辦理廠商資格標審查的文件中載明;如有再次邀請廠商家數之限制者,也應載明,其方式如下:

㈠個別邀請所有符合資格的廠商投標。

㈡公告邀請所有符合資格的廠商投標。

㈢依辦理廠商資格審查文件所標示的邀請順序,依序邀請符合資格的廠商投標。

㈣以抽籤方式邀請符合資格的廠商投標(《政府採購法施行細則》第2條第2項)。

註1:參見林鴻銘著:政府採購法之實用權益,頁79,民國92年4月5版,永然文化出版公司出版。

註2:機關於辦理選擇性招標,如係採將「資格」、「規格」、「價格」分段招標時,除「第一階段」應公告外,後續階段的邀標,得免予公告(《政府採購法》第42條第2項)。

註3:「公告金額」在工程、財務及勞務採購均為新台幣一百五十萬元(參見行政院公共工程委員會工程企字第1110100798號函)。

## 在選擇性招標情形下，廠商如何注意資格審查？

**Q**

政府機關辦理選擇性招標，依《政府採購法》的規定，得預先辦理「資格審查」，廠商要如何注意資格審查？

**A**

所謂「選擇性招標」，是指以「公告」方式預先依一定資格條件辦理廠商資格審查後，再行邀請符合資格的廠商投標（參見《政府採購法》第18條第3項）。故「選擇性招標」最大的特色就是一定須先辦理「廠商資格審查」；又辦理時，還要以「公告方式」為之。

機關為辦理選擇性招標，也可以預先辦理「資格審查」，建立「合格廠商名單」（參見《政府採購法》第21條第1項前段）；而此一名單有效期逾「一年」者，應逐年公告辦理資格審查，並檢討修正既有合格廠商名單（參見《政府採購法施行細則》第20條第1項）。

又如有廠商發現自己未列入名單內，該如何是好？依《政府

採購法》第21條第2項規定，未列入合格廠商名單的廠商請求參加特定招標時，機關於不妨礙招標作業，並能適時完成其資格審查者，於審查合格後，邀其投標。

至於已被列入合格廠商名單的廠商，還須注意一點，即政府機關辦理招標，機關得擇下列方式之一為之，依規定於辦理廠商資格審查文件中載明：

一、個別邀請所有符合資格之廠商投標。

二、公告邀請所有符合資格之廠商投標。

三、依辦理廠商資格審查文件所標示之邀請順序，依序邀請符合資格之廠商投標。

四、以抽籤方式擇定邀請符合資格之廠商投標（參見《政府採購法施行細則》第21條第2項）。

# 政府機關於什麼情形下,得辦理限制性招標?

**Q** 《政府採購法》中有「限制性招標」的規定,什麼情形下機關可以辦理限制性招標?

**A** 政府機關、公立學校、公營事業(以下簡稱:機關)辦理採購,依其招標方式的不同,有「公開招標」、「選擇性招標」及「限制性招標」之分。適用「限制性招標」有獨家供應、緊急事故或相容互通性需要等條件限制(註1)。

「機關」辦理「公告金額以上的採購」,如符合《政府採購法》第22條第1項所列各款情形之一,報經上級機關核准,「得」採「限制性招標」:

一、以公開招標、選擇性招標或依第九款至第十一款公告程序辦理結果,無廠商投標或無合格標,且以原定招標內容及條件未經重大改變者。

二、屬專屬權利、獨家製造或供應、藝術品、秘密諮詢,無

其他合適之替代標的者。

三、遇有不可預見之緊急事故，致無法以公開或選擇性招標程序適時辦理，且確有必要者。

四、原有採購之後續維修、零配件供應、更換或擴充，因相容或互通性之需要，必須向原供應廠商採購者。

五、屬原型或首次製造、供應之標的，以研究發展、實驗或開發性質辦理者。

六、在原招標目的範圍內，因未能預見之情形，必須追加契約以外之工程，如另行招標，確有產生重大不便及技術或經濟上困難之虞，非洽原訂約廠商辦理，不能達契約之目的，且未逾原主契約金額百分之五十者。

七、原有採購之後續擴充，且已於原招標公告及招標文件敘明擴充之期間、金額或數量者。

八、在集中交易或公開競價市場採購財物。

九、委託專業服務、技術服務、資訊服務或社會福利服務，經公開客觀評選為優勝者。

十、辦理設計競賽，經公開客觀評選為優勝者。

十一、因業務需要，指定地區採購房地產，經依所需條件公開徵求勘選認定適合需要者。

十二、購買身心障礙者、原住民或受刑人個人、身心障礙福利機構或團體、政府立案之原住民團體、監獄工場、慈善機構及

庇護工場所提供之非營利產品或勞務。

十三、委託在專業領域具領先地位之自然人或經公告審查優勝之學術或非營利機構進行科技、技術引進、行政或學術研究發展（註2）。

十四、邀請或委託具專業素養、特質或經公告審查優勝之文化、藝術專業人士、機構或團體表演或參與文藝活動或提供文化創意服務。

十五、公營事業為商業性轉售或用於製造產品、提供服務以供轉售目的所為之採購，基於轉售對象、製程或供應源之特性或實際需要，不適宜以公開招標或選擇性招標方式辦理者。

十六、其他經主管機關認定者。

機關依《政府採購法》第22條第1項所定限制性招標，應由需求、使用或承辦採購單位，就個案敘明符合各款之情形，簽報機關首長或其授權人員核准。其得以「比價方式」辦理者，優先以「比價方式」辦理（《政府採購法施行細則》第23條之1第1項）。

註1：王國武著：政府採購法之實務，頁191，2017年8月一版一刷，新學林出版公司出版。

註2：《政府採購法》第22條第1項第13款、第14款之規定，不適用於「工程採購」（參見《政府採購法》第22條第4項）。

# 機關辦理限制性招標的程序如何？

**Q**

大大公司欲參加一機關之採購，由於該採購係採用「限制性招標」的方式，大大公司想了解其程序究竟如何？

**A**

所謂「限制性招標」，指不經公告程序（註），邀請二家以上廠商比價或僅邀請一家廠商議價（參見《政府採購法》第18條第4項）。由於限制性招標並不須經公告程序，機關可以直接指定廠商進行比價或議價，所以《政府採購法》嚴格限制採用此一方式的條件，即採用此一方式，必須是此一採購無法用「公開招標」或「選擇性招標」之方式順利辦理時，方可採用。

至於機關於辦理「限制性採購」之招標時，其程序如下：

一、確定需求：首先須此一採購符合《政府採購法》第22條第1項所定採限制性招標要件，進而研擬招標文件、決定比價或議價廠商。

二、製作招標文件。

三、函邀廠商進行比價或議價。

四、審標及決標。

五、訂約履行。

在上述程序中,參與之廠商應注意三～五的程序。

註:雖可不經「公告」程序,但依《政府採購法施行細則》第23條之1第2項規定:「機關辦理本法第二十二條第一項所定限制性招標,得將徵求受邀廠商之公告刊登政府採購公報或公開於主管機關之資訊網路。但本法另有規定者,依其規定辦理。」

# 政府機關辦理招標,相關「等標期」的規定如何?

**Q**

張大想參與政府機關的採購招標,然不知《政府採購法》對於「等標期」方面有何規定?

**A**

我國《政府採購法》第28條第1項規定,機關辦理招標,其自「公告日」或「邀標日」起至截止投標或收件日止的「等標期」,應訂定「合理期限」。

廠商首應了解前述的「公告日」及「邀標日」各何所指。依《政府採購法施行細則》第27條規定,在此所稱的「公告日」,乃指刊登於政府採購公報之日;至於「邀標日」,則係指發出通知邀請符合資格的廠商投標之日。

又前述的「合理期限」如何規定?依《招標期限標準》,因「公開招標」或「選擇性招標」等而有不同。就以「公開招標」而言,《招標期限標準》第2條第1項規定,機關辦理公開招標,其公告自刊登政府採購公報日起至截止投標日之「等標期」,視

案件性質與廠商準備及遞送投標文件所需時間合理訂定之。《招標期限標準》第2條第2項又規定，前項「等標期」，除本標準或我國締結之條約或協定另有規定者外，不得少於下列期限：

一、未達公告金額的採購：七日。

二、公告金額以上未達查核金額的採購：十四日。

三、查核金額以上未達巨額之採購：二十一日。

四、巨額的採購：二十八日。

再以「選擇性招標」，依《招標期限標準》第3條第1項規定，機關辦理「選擇性招標」的廠商資格預先審查，其公告自刊登政府採購公報日起至截止收件日止的「等標期」，應視案件性質與廠商準備及遞送資格文件所需時間合理訂定之。又依《招標期限標準》第3條第2項規定，前項「等標期」，除本標準或我國締結的條約或協定另有規定者外，不得少於下列期限：

一、未達公告金額的採購：七日。

二、公告金額以上未達巨額的採購：十日。

三、巨額的採購：十四日。

# 承包廠商可以請求閱覽公共工程招標文件嗎？

**Q** 什麼是「公共工程招標文件公開閱覽制度」？廠商如欲承包公共工程，可以請求閱覽公共工程招標的相關招標文件嗎？

**A** 為了推動公共工程招標作業公開化、透明化，藉由招標文件公開閱覽，徵求廠商或民眾意見，提升公共工程規劃設計品質，並減少招標及履約爭議，而容許廠商公開閱覽招標文件，稱之為「公共工程招標文件公開閱覽制度」。

行政院公共工程委員會訂有《公共工程招標文件公開閱覽制度實施要點》，共計11點，分別敘明訂定本要點的目的、實施範圍、公開閱覽方式、公告、機關內部分工原則、閱覽處所的設置與管理、廠商或民眾意見的處理、公開閱覽時間及作業流程等。

可以請求公開閱覽的文件，包括（《公共工程招標文件公開閱覽制度實施要點》第3點）：

一、工程圖說樣稿（包括位置圖、工程圖樣、工程規範、材

料或設備規範、施工說明書等）。

二、契約樣稿。

三、標單樣稿。

四、切結書樣稿。

五、投標須知樣稿。

六、數量表及規格樣稿。

七、其他依工程特性需要提供的相關文件樣稿。

另外，機關辦理工程採購之預算金額（註）得與前開文件一併公開。

註：「預算金額」，乃指該採購得用以支付得標廠商契約價金的預算金額；「預算案」尚未經立法程序者，為預估需用金額。

# 政府機關在何種情形下可以採用「統包」？

**Q**

大大公司欲參加一項投標,據稱此次招標是採用「統包」方式進行,大大公司想了解何謂「統包」?又應注意哪些事項?

**A**

「統包」(Turn Key)是一種新近發展出來的工程採購(或發包)方式。《政府採購法》第24條第1項規定,機關基於效率及品質的要求,得以「統包」辦理招標。在此所稱的「統包」,即指將工程或財物採購中的設計與施工、供應、安裝或一定期間的維修等併於「同一採購契約」辦理招標(參見《政府採購法》第24條第2項)。

「統包」即是將「設計」與「施工」二者結為一利益共同體,且可使契約責任單一化及便於界面管理(註1)。具體而言,即由統包廠商依「統包契約」規定,由一家承包商負責工程之設計、採購、施工及安裝,執行的成果要符合招標書中業主提出的要求,廠商完成工程標的物後,交給主辦機關(業主),即可開

第一篇　招標

始運轉生產或營運（註2）。統包機制激發統包商在業主與其專業管理顧問設定之需求範圍下，得以充分發揮創意，並與其成員合作尋求共同利益（包括設計者、施工者、使用者）（註3）。

參加以統包方式採購的廠商，應注意以下三大項：

## 一、廠商

依《統包實施辦法》第4條規定，機關以統包辦理招標，應依其屬工程或財物的採購，於招標文件規定投標廠商應符合下列情形之一：

㈠屬負責細部設計及施工的廠商。

㈡屬負責細部設計或施工的廠商。

㈢屬負責細部設計、供應及安裝的廠商。

㈣屬負責細部設計或供應及安裝的廠商。

## 二、招標文件的內容

依《統包實施辦法》第6條規定，機關以統包辦理招標，除法令另有規定外，應於招標文件載明下列事項：

㈠統包工作的範圍。

㈡統包工作完成後所應達到的功能、效益、標準、品質或特性。

㈢設計、施工、安裝、供應、測試、訓練、維修或營運等所

應遵循或符合的規定、設計準則及時程。

(四)主要材料及設備的特殊規範。

(五)甄選廠商的評選標準。

(六)投標廠商於投標文件須提出的設計、圖說、主要工作項目的時程、數量、價格或計畫內容等。

## 三、廠商須注重「統包工程契約」

由於統包契約並不是《民法》所規定的「有名契約」（或「典型契約」），其主要只是以廠商工作範圍作為分類標準的契約型態，故「統包商」與「業主」間的權利義務關係，依私法自治或契約自由原則，視「統包契約」內的具體約定內容而定（註4）。

註1：參見林鴻銘著：政府採購法之實用權益，頁132，民國92年4月5版，永然文化出版公司出版。
註2：參見巫啓后編著：統包概說，頁3，民國95年6月初版，文笙書局股份有限公司出版。
註3：參見巫啓后編著：前揭書，頁2。
註4：蕭偉松、陳君薇撰：〈統包工程契約概述〉，載中華民國仲裁協會出版：統包工程契約之理論與實務，頁2，2024年4月一版。

# 機關重新公告招標,投標廠商能否用原招標文件投標?

**Q**

A機關原於民國112年3月25日公告招標,嗣後於同年6月17日依《政府採購法》第61條(註1)刊登無法決標公告,理由為取消採購;至同年6月24日重行公告招標,並載明已領取「第一次招標文件」者,憑購買招標文件收據正本,免費更換。如有一B廠商原已領有公告無法決標前的招標文件,再次投標時,仍用「原招標文件」投標,而未更換新投標文件,此一投標的法律效力如何?

**A**

廠商須依規定投標,「投標文件」自不得疏忽,保障權益之道是詳讀招標文件,並依規定的招標文件投標。

由於《政府採購法》第50條第1項規定,投標廠商有下列情形之一,經機關於開標前發現者,其所投之標應不予開標,於開標後發現者,應不決標予該廠商:

一、未依招標文件之規定投標。

二、投標文件內容不符合文件之規定。

三、借用或冒用他人名義或證件,或以偽造、變造之文件投標。

四、偽造或變造投標文件。

五、不同投標廠商間之投標文件內容有重大異常關聯者。

六、有《政府採購法》第103條第1項(註2)不得參加投標或作為決標對象之情形。

七、其他影響採購公正之違反法令行為。

由上述規定可知,廠商在投標時,既須依招標文件的規定投標,且投標文件的內容亦不得有不符招標文件的規定。

而何謂「未依招標文件之規定投標」?現舉一實例說明:

**案例**:「本案……參與投標之廠商均未依投標須知第74點規定,於外標封上書寫廠商名稱、地址及採購案號或招標標的,……則依政府採購法施行細則第27條第2項規定:『信封上或容器應標示廠商名稱及地址』,未依規訂填寫之廠商,依政府採購法第50條第1項第1款:『未依招標文件之規定投標』不予決標、決標後撤銷決標、終止契約或解除契約之方式辦理,……」(訴字第88028號審議判斷書)(註3)

又何謂「投標文件內容不符合招標文件之規定」?現亦舉一實例說明:

**案例**:「本案投標須知第13條係規定,投標時成本分析表與

標單一起封存於標單封內,申訴廠商卻將『契約書』置放於標單封內,則申訴廠商投標文件內容與招標文件規定即有不合,依政府採購法第50條第1項第2款,其所投之標應不予開標。……」（訴字第90027號審議判斷書）（註4）

由上述兩實例的說明,廠商於投標時,對招標文件要寄予高度關注,千萬馬虎不得！採購機關於開標前發現有《政府採購法》第50條第1項第1、2款之情形,固然不予開標；如於開標後發現,則不應決標予該廠商。甚至如果已決標或簽約後才發現,機關依《政府採購法》第50條第2項前段規定,應撤銷決標、終止契約或解除契約,並得追償損失。所以,廠商千萬不能心存僥倖！

至於本案例所揭示的問題,B廠商於投標時,所領的是招標機關於民國112年6月17日公告無法決標前的「原招標文件」,而該份招標文件於無法決標公告刊登後業已失效,B廠商卻仍持此招標文件準備投標文件,導致其內容與民國113年6月24日重行公告後的招標文件內容不符,A招標機關應認定該投標文件內容不符合招標文件的規定；亦即本案例B廠商的投標已有《政府採購法》第50條第1項第2款的情事,A招標機關應不予開標；如於開標後發現,則應不決標予B廠商（行政院公共工程委員會採購申訴審議判斷書訴字第0930288號審議判斷書）（註5）。

註1：《政府採購法》第61條規定：「機關辦理公告金額以上採購之招標，除有特殊情形者外，應於決標後一定期間內，將決標結果之公告刊登於政府採購公報，並以書面通知各投標廠商。無法決標者，亦同。」

註2：《政府採購法》第103條第1項規定：「依前條第三項規定刊登於政府採購公報之廠商，於下列期間內，不得參加投標或作為決標對象或分包廠商：一、有第一百零一條第一項第一款至第五款、第十五款情形或第六款判處有期徒刑者，自刊登之次日起三年。但經判決撤銷原處分或無罪確定者，應註銷之。二、有第一百零一條第一項第十三款、第十四款情形或第六款判處拘役、罰金或緩刑者，自刊登之次日起一年。但經判決撤銷原處分或無罪確定者，應註銷之。三、有第一百零一條第一項第七款至第十二款情形者，於通知日起前五年內未被任一機關刊登者，自刊登之次日起三個月；已被任一機關刊登一次者，自刊登之次日起六個月；已被任一機關刊登累計二次以上者，自刊登之次日起一年。但經判決撤銷原處分者，應註銷之。」

註3：參見唐國盛著：政府採購法律應用篇，頁297，民國92年4月五版，永然文化出版公司出版。

註4：參見唐國盛著：前揭書，頁298。

註5：參見行政院公共工程委員會編印：政府採購申訴案例彙編(四)，頁202，民國96年4月四版，行政院公共工程委員會發行。

# Chapter 2

第二篇

# 投標

# 廠商投標,須注意採購機關所訂的資格限制

**Q**

甲機關辦理勞務採購招標,屬於「巨額採購」,該採購對於投標廠商的資格要求具有相當經驗或實績,投標廠商於提出「實績證明」時應注意哪些規定,方符合資格要求?

**A**

按《政府採購法》第36條規定:「機關辦理採購,得依實際需要,規定投標廠商之基本資格。特殊或巨額之採購,須由具有相當經驗、實績、人力、財力、設備等之廠商始能擔任者,得另規定投標廠商之特定資格。……」就以本案例而言,因係「巨額採購」(註1),採購機關除有「基本資格」的要求外,還將「實績」作為「特定資格」的要求。

廠商在「實績」要求方面,須注意《投標廠商資格與特殊或巨額採購認定標準》的規定(註2)。依《投標廠商資格與特殊或巨額採購認定標準》第5條第1項第1款針對「具有相當經驗或實績」者,規定其範圍得包括於截至投標日前「五年」內,完成

與招標標的同性質或相當之工程、財務或勞務契約，其單次契約金額或數量不低於招標標的預算金額或數量之五分之二，或累計金額或數量不低於招標標的預算金額或數量，並得含採購機關（構）出具之「驗收證明」或啓用後功能正常之證明。

實務上，即曾有案例因廠商所提出之「實績證明」不符規定，而被招標機關認定為不符合投標文件之規定。

廠商於投標時應了解招標文件中所載之「實績」，係指全部已經完工的實績，或於招標文件敘明得以契約結算的金額為準，方有實益。得以證明已具完成該業績的能力，非僅指「契約金額」之意；更非捨「完成契約」，而僅論「契約金額」之意（註3）。

註1：「巨額採購」乃指工程採購在新台幣（下同）二億元以上、「財物採購」在一億元以上、「勞務採購」在二千萬元以上。
註2：此一規定係依《政府採購法》第36條第4項：「第一項基本資格、第二項特定資格與特殊或巨額採購之範圍及認定標準，由主管機關定之」的規定而訂定。
註3：參見行政院公共工程委員會編印：政府採購暨促參申訴案例彙編㈤，頁57，民國97年5月初版，行政院公共工程委員會發行。

# 廠商投標所附之「資格審格表」要如何蓋章？

**Q**

廠商大大公司向甲政府工務局投標一圖書館新建工程（水電工程部分）的採購案，甲政府工務局對於大大公司投標所附之「資格審查表」內，僅蓋以內含公司名稱、電話、負責人姓名的「橡皮圓戳章」，而未加蓋公司章及負責人印鑑章的方式，遂認其資格不符，而認定投標無效，大大公司該怎麼辦？

**A**

廠商投標時，一定要詳讀「投標須知」，並依規定辦理，因為我國《政府採購法》第50條第1項規定：「投標廠商有下列情形之一者，經機關於開標前發現者，其所投之標應不予開標；於開標後發現者，應不決標予該廠商：一、未依招標文件之規定投標。二、投標文件內容不符招標文件之規定。……」

就以本案例而言，「資格審查表」要如何加蓋印章，須注意「投標須知」如何規定；倘投標須知規定必須加蓋「公司及負責人印章」，則廠商不得僅以內含公司名稱、電話、負責人姓名的

「橡皮圓戳章」代替。如草率蓋用「橡皮圓戳章」，恐將遭採購機關依《政府採購法》第50條第1項第2款的規定，對該廠商所投之標不予開標。

但如果採購機關的投標須知中僅規定廠商資格審查表須「加蓋印章」，而未標明須「加蓋公司及負責人印章」，則廠商以上述「橡皮圓戳章」蓋於廠商資格審查表，採購機關不得認為廠商之投標文件內容不符招標文件的規定。

行政院公共工程委員會採購申訴審委員會訴字第0940366號採購申訴案即採此一見解：「……『資格審查表』雖屬應放入標封之投標所需文件，惟該表係招標機關為審查之用所製定之表格，無由投標廠商蓋公司章及負責人印鑑章證明為真正之必要，亦非投標廠商之各種證件資料，則在投標須知未明文要求廠商必須加蓋公司章及負責人印鑑章之前提下，申訴廠商蓋以內含公司名稱、電話、負責人姓名之橡皮圓戳章，已符規定，自不宜擴張解釋『資格審查表』必須加蓋公司章及負責人印鑑章始符投標須知之規定。……」（註）。

大大公司對於甲政府工務局的認定，可以依《政府採購法》第74條的規定提出「異議」；又如其異議遭採購機關駁回時，可再依法以書面分別向主管機關、直轄市或縣（市）政府所設之採購申訴審議委員會「申訴」。地方政府未設採購申訴審議委員會者，得委請中央主管機關處理（參見《政府採購法》第76條）。

註：參見行政院公共工程委員會編印：政府採購申訴案例彙編(四)，頁118，民國96年4月四版。

# 廠商對政府採購之「共同投標」的應有認識

**Q**

政府機關進行採購招標，廠商是否可以「共同投標」？又進行「共同投標」有哪些應注意事項？

**A**

我國《政府採購法》第25條第1項規定，機關得視「個別採購的特性」，於招標文件中規定允許「一定家數內的廠商」共同投標。在此所稱的「共同投標」（Joint tendering），是指二家以上的廠商共同具名投標，並於得標後共同具名簽約，連帶負履行採購契約之責，以承攬工程或提供財物、勞務的行為（《政府採購法》第25條第2項）。

## 一、「個別採購的特性」並限制「一定家數內」

依上所述，政府機關允許廠商共同投標，須視「個別採購的特性」並限制「一定家數內」，現分述如下：

(一)個別採購的特性：

此乃指下列情形之一：

1.允許共同投標有利於工作界面管理者。

2.允許共同投標可促進競爭者。

3.允許共同投標，以符合新工法引進或專利使用之需要者。

4.其他經主管機關認定者（參見《共同投標辦法》第3條第1項）。

㈡一定家數內：

機關於招標文件中規定允許一定家數內的廠商共同投標者，以不超過「五家」為原則（參見《共同投標辦法》第4條）。

● 各種廠商身分之相關性表

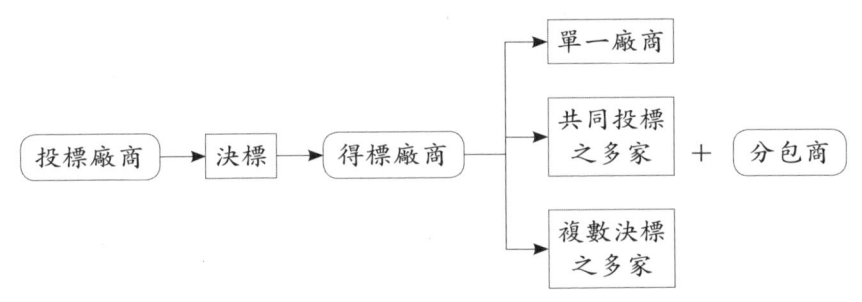

投標廠商 → 決標 → 得標廠商 → 單一廠商／共同投標之多家／複數決標之多家　＋　分包商

※本圖摘自王國武著：政府採購契約之管理與爭議研析，頁13，2020年4月一版一刷，新學林出版股份有限公司出版。

## 二、共同投標應注意四點

廠商於進行共同投標還應注意以下四點：

㈠共同投標的種類：

共同投標包括「同業共同投標」（註）、「異業共同投標」，前者乃指參加共同投標的廠商均屬同一行業者；後者乃指參加共同投標的廠商均為不同行業者（《共同投標辦法》第2條第1項）。

㈡**投標文件：**

共同投標廠商的投標文件應由各成員共同具名，或由共同投標協議書指定的代表人簽署；投標文件的補充或更正及契約文件的簽訂、補充或更正，亦同（參見《共同投標辦法》第8條）。

㈢共同投標廠商應於投標時檢附「共同投標協議書」（參見《政府採購法》第25條第5項）。

㈣「同業共同投標」應符合《公平交易法》第14條但書各款的規定。

註：參加共同投標的廠商有「二家」以上屬「同一行業」者，視同「同業共同投標」（《共同投標辦法》第2條第2項）。

# 廠商進行共同投標,如何製作「共同投標協議書」?

**Q**

某單位於辦理一項採購案進行招標時,容許共同投標,廠商現欲「共同投標」,依規定須檢附「共同投標協議書」,不知此一「共同投標協議書」應如何製作?

**A**

我國《政府採購法》第35條第5項規定,共同投標廠商應於投標時檢附「共同投標協議書」。因此,共同投標協議書是進行共同投標時的必備文件。共同投標協議書的製作,依《共同投標辦法》第10條第1項規定,共同投標廠商於投標時應檢附由各成員的負責人或其代理人共同具名,且經「公證」或「認證」(註)的共同投標協議書(見後附之共同投標協議書範本,該範本摘自行政院公共工程委員會:https://www.pcc.gov.tw/pcc/content/index?type=C&eid=5299),載明下列事項,於得標後列入契約:

一、招標案號、標的名稱、機關名稱及共同投標廠商各成員之名稱、地址、電話、負責人。

二、共同投標廠商之代表廠商、代表人及其權責。

三、各成員之主辦項目及所占契約金額比率。

四、各成員於得標後連帶負履行契約責任。

五、契約價金請（受）領之方式、項目及金額。

六、成員有破產或其他重大情事，致無法繼續共同履約者，同意將其契約之一切權利義務由其他成員另覓之廠商或其他成員繼受。

七、招標文件規定之其他事項。

如有外國廠商參與共同投標時，應如何處理？原則上「共同投標協議書」應以「中文」書寫；但招標文件規定允許「外國廠商」得參與共同投標者，涉及「外國廠商」的共同投標協議書，得以「外文」書寫，附經公證或認證的「中文譯本」，並於招標文件中訂明（參見《共同投標辦法》第12條）。所以有外國廠商參與共同採購時，共同投標協議書可以用「外文」書寫，並須附經法院或民間公證人公證或認證的中文譯本。

註：我國《公證法》中所稱公證事務，係指「公證」及「認證」事務（參見《公證法施行細則》第2條）。「公證」，乃指證明法律行為或私權事實的成立或存在；「認證」，則係指證明文書形式上的真正（簽名蓋章屬實或正影本對照相符）。參見鄭雲鵬編著：公證實務DIY，頁25，民國90年8月初版，永然文化出版公司出版。

## 共同投標協議書範本

### 共同投標協議書範本

立共同投標協議書人（以下簡稱共同投標廠商）
____（廠商名稱）____（以下簡稱第1成員）、____（廠商名稱）____（以下簡稱第2成員）、____（廠商名稱）____（以下簡稱第3成員）、____（廠商名稱）____（以下簡稱第4成員）、____（廠商名稱）____（以下簡稱第5成員）（成員數不得逾招標文件規定允許之家數）同意共同投標____（機關名稱）____（以下簡稱機關）之____（採購標的名稱）____（案號____）並協議如下：

一、共同投標廠商同意由____（廠商名稱）____為代表廠商，並以代表廠商之負責人為代表人，負責與機關意見之聯繫，任何由代表廠商具名代表共同投標廠商之行為，均視為共同投標廠商全體之行為。機關對代表廠商之通知，與對共同投標廠商所有成員之通知具同等效力。

二、各成員之主辦項目：
第1成員：_____、第2成員：_____、
第3成員：_____、第4成員：_____、
第5成員：_____。

三、各成員所占契約金額比率：
第1成員：___%、第2成員：___%、第3成員：___%、第4成員：___%、第5成員：___%

四、各成員於得標後連帶負履行契約責任。

五、成員有破產或其他重大情事，致無法繼續共同履約者，同意將其契約之一切權利義務由其他成員另覓之廠商或其他成員繼受。

六、共同投標廠商同意契約價金依下列方式請領：（請擇一勾選並填寫）
□(1)由代表廠商檢具各成員分別出具之發票及相關文件向機關統一請領。
□(2)由各成員分別出具之發票及其他文件向機關請領。各成員分別請領之項目及金額為：
第1成員：_____、第2成員：_____、
第3成員：_____、第4成員：_____、
第5成員：_____。

七、本協議書於得標後列入契約。協議書內容與契約規定不符者，以契約規定為準。協議書內容，非經機關同意不得變更。

八、本協議書由各成員之負責人或其代理人共同簽署，分別加蓋廠商印信並經公證或認證後生效。

九、其他協議事項（無者免填）：

第1成員廠商名稱：　　　　　　　　　第2成員廠商名稱：
負責人（或其代理人）：　　　　　　　負責人（或其代理人）：
地址：　　　　　　　電話：　　　　　地址：　　　　　　　電話：

第3成員廠商名稱：　　　　　　　　　第4成員廠商名稱：
負責人（或其代理人）：　　　　　　　負責人（或其代理人）：
地址：　　　　　　　電話：　　　　　地址：　　　　　　　電話：

第5成員廠商名稱：
負責人（或其代理人）：
地址：　　　　　　　電話：

中　華　民　國　　　　　年　　　　　月　　　　　日

# 參與政府採購的共同投標,不得違反《公平交易法》!

**Q**

政府採購如容許廠商共同投標,而廠商共同投標的行為要如何為之,方不致違反《公平交易法》?

**A**

按共同投標包括:一、同業共同投標:參加共同投標之廠商均屬同一行業者;二、異業共同投標:參加共同投標之廠商均為不同行業者(參見《共同投標辦法》第2條第1項)。由於「同業的共同投標」已涉及《公平交易法》的「聯合行為」(註1),所以《政府採購法》第25條第4項規定乃要求,同業共同投標應符合《公平交易法》第14條第1項但書各款的規定。

而《公平交易法》第15條第1項但書規定:「……但有下列情形之一,而有益於整體經濟與公共利益,經申請主管機關許可者,不在此限:一、為降低成本、改良品質或增進效率,而統一商品或服務之規格或型式。二、為提高技術、改良品質、降低成本或增進效率,而共同研究開發商品、服務或市場。三、為促進

事業合理經營,而分別作專業發展。四、為確保或促進輸出,而專就國外市場之競爭予以約定。五、為加強貿易效能,而就國外商品或服務之輸入採取共同行為。六、因經濟不景氣,致同一行業之事業難以繼續維持或生產過剩,為有計畫適應需求而限制產銷數量、設備或價格之共同行為。七、為增進中小企業之經營效率,或加強其競爭能力所為之共同行為。八、其他為促進產業發展、技術創新或經營效率所必要之共同行為。」。廠商進行共同投標,並不須經行政院公平交易委員會之許可(註2)。

註1:「聯合行為」乃指事業以契約、協議或其他方式之合意,與有競爭關係之他事業共同決定商品或服務的價格,或限制數量、技術、產品、設備、交易對象、交易地區等,相互約束事業活動之行為而言。

註2:參見唐國盛律師者:政府採購法律應用篇,頁152,民國92年4月五版,永然文化出版公司出版。

# 參與政府採購的廠商如為借牌圍標的行為，會有何法律責任？

**Q**

大大營造公司為參與一項公共工程的投標，竟向另一家營造公司借牌圍標，此一行為的法律後果如何？

**A**

依《政府採購法》的規定，「圍標」、「綁標」均為法令所禁止，而過去政府採購實務上，此種行為也備受詬病。

我國《政府採購法》將「圍標」的型態分為：「強制圍標」、「詐術圍標」、「協議圍標」及「借牌圍標」，所以「借牌圍標」也在禁止之列。

此由《政府採購法》第87條的規定即可明白，按該規定為：「Ⅰ.意圖使廠商不為投標、違反其本意投標，或使得標廠商放棄得標、得標後轉包或分包，而施強暴、脅迫、藥劑或催眠術者，處一年以上七年以下有期徒刑，得併科新臺幣三百萬元以下罰金。Ⅱ.犯前項之罪，因而致人於死者，處無期徒刑或七年以上有期徒刑；致重傷者，處三年以上十年以下有期徒刑，各得併科

新臺幣三百萬元以下罰金。Ⅲ.以詐術或其他非法之方法，使廠商無法投標或開標發生不正確結果者，處五年以下有期徒刑，得併科新臺幣一百萬元以下罰金。Ⅳ.意圖影響決標價格或獲取不當利益，而以契約、協議或其他方式之合意，使廠商不為投標或不為價格之競爭者，處六月以上五年以下有期徒刑，得併科新臺幣一百萬元以下罰金。Ⅴ.意圖影響採購結果或獲取不當利益，而借用他人名義或證件投標者，處三年以下有期徒刑，得併科新臺幣一百萬元以下罰金。容許他人借用本人名義或證件參加投標者，亦同。Ⅵ.第一項、第三項及第四項之未遂犯罰之。」至於前述的「借牌圍標」應適用《政府採購法》第87條第5項，法定本刑為「三年以下有期徒刑，得併科新台幣一百萬元以下罰金」；且只處罰「既遂犯」（註1），而不罰「未遂犯」（註2）。

又從《政府採購法》第87條所規定之罪為「非告訴乃論之罪」，不同於「告訴乃論之罪」，一旦經「告訴」後，即不撤回。

## ● 政府採購錯誤行為態樣──「十一、可能有圍標之嫌或宜注意之現象」表

中華民國109年9月14日行政院公共工程委員會工程企字第1090100528號令修正；並自即日生效

| （一） | 不肖人士蒐集領標廠商名稱。 | 採購法第29條、第34條第2項。 |
|---|---|---|
| （二） | 領標投標期間於機關門口有不明人士徘徊。 | 採購法第29條、第34條第2項、第87條。 |

| | | |
|---|---|---|
| (三) | 繳納押標金之票據連號、所繳納之票據雖不連號卻由同一家銀行開具、押標金退還後流入同一戶頭、投標文件由同一處郵局寄出、掛號信連號、投標文件筆跡雷同、投標文件內容雷同、不同投標廠商投標文件所載負責人為同一人。 | 採購法第48條第1項、第50條第1項，工程會91年11月27日工程企字第09100516820號令，工程會105年3月21日工程企字第10500080180號令。 |
| (四) | 以不具經驗之新手出席減價會議。 | |
| (五) | 代表不同廠商出席會議之人員為同一廠商之人員。 | 採購法第48條第1項、第50條第1項，工程會91年11月27日工程企字第09100516820號令，工程會97年2月14日工程企字第09700060670號令。 |
| (六) | 廠商簽名虛偽不實。 | 採購法第31條第2項、第50條第1項、第101條。 |
| (七) | 廠商文件虛偽不實。 | |
| (八) | 不同投標廠商提出由同一廠商具名之文件，例如授權各該不同廠商對同一案件投標。部分投標廠商未繳押標金。 | 採購法第48條第1項、第50條第1項，95年7月25日工程企字第09500256920號令。 |
| (九) | 廠商標封內為空白文件、無關文件或空無一物。 | |
| (十) | 明顯不符合資格條件之廠商參與投標。 | |
| (十一) | 廠商間相互約束活動之行為，例如：彼此協議投標價格、限制交易地區、分配工程、提高標價造成廢標、不為投標、不越區競標、訂定違 | |

| | | |
|---|---|---|
| | 規制裁手段、為獲得分包機會而陪標。 | |
| (土) | 廠商間彼此製造競爭假象，誤導招標機關而取得交易機會。 | |
| (土) | 不同投標廠商之領標網路位址（IP）相同。 | 採購法第48條第1項、第50條第1項。 |

參見行政院公共工程委員會：https://lawweb.pcc.gov.tw/LawContent.aspx?id=GL000032

註1：既遂犯是指行為人著手於不法行為，並且事情發展的結果，在客觀上也完全實現。參閱黃榮堅著：基礎法學（下），頁607，2006年9月二版第一刷，元照出版公司總經銷。

註2：我國《刑法》第25條規定：「Ⅰ.已著手於犯罪行為之實行而不遂者，為未遂犯。Ⅱ.未遂犯之處罰，以有特別規定者為限，並得按既遂犯之刑減輕之。」

第三篇

Chapter 3

# 押標金
與保證金

# 《政府採購法》對於押標金有什麼規定？

**Q**

參加政府採購的廠商，關於《政府採購法》中押標金的規定須具備哪些法律認識？

**A**

關於「押標金」，《政府採購法》於第30條第1項規定：「機關辦理招標，應於招標文件中規定投標廠商須繳納押標金……。」；而押標金應由廠商依規定繳納（參見《政府採購法》第30條第3項）。押標金的繳納，行政院公共工程委員會頒有《押標金保證金暨其他擔保作業辦法》，「採購機關」及「廠商」均應遵照辦理。

至於繳納的押標金原則上應於「決標後」無息發還給未得標的廠商，如「廢標」時，也要發還（參見《政府採購法》第31條第1項）。

如前所述，押標金，固然於決標後，發還給未得標的廠商，或廢標時發還，但如果廠商有下述情事之一者，則不予發還；其

已發還者,並予追繳(《政府採購法》第31條第2項):

一、以虛偽不實之文件投標。

二、借用他人名義或證件投標,或容許他人借用本人名義或證件參加投標。

三、冒用他人名義或證件投標。

四、得標後拒不簽約。

五、得標後未於規定期限內,繳足保證金或提供擔保。

六、對採購有關人員行求、期約或交付不正利益。

七、其他經主管機關認定有影響採購公正之違反法令行為。

機關對於有上述應追繳「押標金」之情形,須注意依《政府採購法第3條第2項辦理不發還或追繳押標金之執行程序》之規定。此一「追繳押標金請求權」適用消滅時效期限為「五年」,即因「五年間不行使而消滅」(《政府採購法》第31條第4項)。至於如何計算消滅時效的期限?廠商如未依招標文件規定繳納者,該期間自「開標日」起算;如採購機關已發還者,自「發還日」起算。採購機關執行押標金追繳程序前,應先確認「個案」之請求權是否罹於時效。

# 投標廠商須注意押標金的繳納！

**Q**

甲機關主辦「社區活動中心新建工程」採購案，該案先進行資格標審查，再進入規格標審查，而大大廠商參與投標時，以「國庫專戶存款支票」繳交押標金，其是否能通過資格標的審查？

**A**

我國《政府採購法》第30條第1項前段規定：「機關辦理招標，應於招標文件中規定投標廠商須繳納押標金；……」所以原則上廠商即應依規定繳納。而廠商如何繳納「押標金」？依《政府採購法》第30條第3項規定：「押標金……應由廠商以現金、金融機構簽發之本票或支票、保付支票、郵政匯票、無記名政府公債、設定質權之金融機構定期存款單、銀行開發或保兌之不可撤銷擔保信用狀繳納，或取具銀行之書面連帶保證、保險公司之連帶保證保險單為之。」。

就以本案例而言，投標廠商係以「國庫專戶存款支票」繳交押標金，是否符合規定？此涉及「國庫專戶存款支票」是否屬於「金融機構簽發的支票」。由於「所謂金融機構係指經中央目的

事業主管機關核准得辦理本票、支票或定期存款單之銀行、信用合作社、農業信用部、漁業信用部及台灣郵政股份有限公司。……『國庫專戶存款支票』，並非國庫支票。按國庫支票係由中央銀行之國庫存款戶支付，由財政部地區支付機構憑中央政府各機關所簽具之付款憑單簽發，是『國庫專戶存款支票』與『國庫支票』應有不同。至於國庫專戶存款支票，在性質上固屬支付工具，惟其係由機關自行保管款項（屬特種基金或中央政府各機關歲入以外，其他公款及保管款之依法令所定，應專戶存管之款項）支付，由相關權責人員簽名或蓋章後簽發，即與金融機構簽發之支票有間。」（註1）依前所述，則大大廠商之投標將因其押標金之繳納與規定不合，而遭判定廠商資格標審查不合格。

因而提醒投標廠商繳交押標金，須注意行政院公共工程委員會依《政府採購法》第30條第3項所頒布之《押標金保證金暨其他擔保作業辦法》，政府也將機關採購實務提供押標金錯誤的態樣予以彙整（註2），投標廠商於投標前可加以參考，俾免錯誤。

註1：參見行政院公共工程委員會編印：政府採購暨促參申訴案例彙編(五)，頁36，民國97年5月初版，行政院公共工程委員會發行。
註2：台北市政府採購稽核小組編：政府採購錯誤行為態樣彙編（第五版），頁39～42，民國100年12月，台北市政府發行。

# 被誤認具履約資格並得標的廠商如拒不簽約，招標機關能否沒收其押標金？

**Q**

甲鄉公所有一活動中心興建工程，透過公開招標採購，並以「最低標價」得標；乙廠商是一「土木包工業」參與投標，並繳交新台幣二十萬元保證金。

甲鄉公所於刊登的採購公告中訂定投標廠商資格為土木包工業以上營造廠商。乙廠商雖以最低標價得標，但採購機關嗣後發現「土木包工業」為本件工程之「承造人」，因此拒不簽約，招標機關甲鄉公所竟將其押標金沒收，乙廠商該怎麼辦？

**A**

按《政府採購法》第31條第2項規定，機關得於招標文件中規定，廠商有下列情形之一者，其所繳納之押標金不予發還，其已發還者，並予追繳：

一、以虛偽不實之文件投標。

二、借用他人名義或證件投標，或容許他人借用本人名義或證件參加投標。

三、冒用他人名義或證件投標。

四、得標後拒不簽約。

五、得標後未於規定期限內，繳足保證金或提供擔保。

六、對採購有關人員行求、期約或交付不正利益（註1）。

七、其他經主管機關認定有影響採購公正之違反法令行為。

就本案例而言，甲鄉公所是以《政府採購法》第31條第2項第4款「得標後拒不簽約」的規定為由，沒收乙廠商的押標金；但乙廠商之不簽約，係可歸責於招標機關甲鄉公所的事由所致。因為甲鄉公所對於投標廠商資格訂定不當，誤導廠商參與投標（註2），乙廠商可以提出「異議」和「申訴」，請求招標機關甲鄉公所將押標金全數返還。

註1：《刑法》賄賂罪的客體，一為賄賂，二為不正利益。所謂賄賂，乃指金錢或可以金錢計算的財物；至於「不正利益」，乃指「賄賂」以外，足以供人需要或滿足人之慾望的一切有形、無形的利益而言。參見曾淑瑜著：刑法分則實例研習──國家、社會法益之保護，頁14，2009年2月初版一刷，三民書局發行。

註2：參見行政院公共工程委員會編印：政府採購申訴案例彙編(三)，頁245～248，民國94年4月一版一刷，行政院公共工程委員會發行。

# 參與政府採購投標的廠商未得標者，可取回押標金嗎？

**Q**

大大營造公司參與一項公共工程的投標，決標時未獲得標，其能否取回「押標金」？

**A**

參與政府採購投標的廠商，一定聽過「押標金」及「保證金」這兩個名詞，廠商務必分辨二者的不同。

前者是指招標機關為防止投標廠商非法參與並確保其能於得標後訂約履行，而要求投標廠商繳交於招標機關的金錢或類似的擔保；後者則是機關為確保契約或履約相關事項能由得標廠商順利履行，而由得標廠商繳交於機關的金錢或類似擔保（註1）。實務上，保證金還可分為「履約保證金」、「預付款還款保證金」、「差額保證金」、「保固保證金」（註2）。

廠商投標所繳交的押標金，依《政府採購法》第31條第1項規定：「機關對於廠商所繳納之押標金，應於決標後無息發還未得標之廠商；廢標時，亦同。」所以原則上，未得標的廠商可以

取回「押標金」。

但採購機關如於招標文件中規定,廠商有下列情形之一者,其所繳的押標金,不予發還(《政府採購法》第31條第2項):

一、以虛偽不實之文件投標。

二、借用他人名義或證件投標,或容許他人借用本人名義或證件參加投標。

三、冒用他人名義或證件投標。

四、得標後拒不簽約。

五、得標後未於規定期限內,繳足保證金或提供擔保。

六、對採購有關人員行求、期約或交付不正利益。

七、其他經主管機關認定有影響採購公正之違反法令行為。

實務上,曾發生一投標廠商甲已繳交押標金,其投標的標價僅約為工程底價的34%,該廠商甲為最低標,但廠商甲表明標價書寫錯誤,並表示放棄,招標機關隨即宣布「次低標廠商」乙為最低標廠商,招標機關在此情形下,依《政府採購法》第31條第2項的規定,沒收甲廠商的押標金。

註1:參見林鴻銘著:政府採購法之實用權益,頁145、149,民國92年4月,永然文化出版公司出版。

註2:《押標金保證金暨其他擔保作業辦法》第8條規定:保證金之種類如下:

一、履約保證金。保證廠商依契約規定履約之用。

二、預付款還款保證。保證廠商返還預先支領而尚未扣抵之預付款之用。

三、保固保證金。保證廠商履行保固責任之用。

四、差額保證金。保證廠商標價偏低不會有降低品質、不能誠信履約或其他特殊情形之用。

五、其他經主管機關認定者。

# 政府機關發包工程，能否要求承包廠商繳納履約保證金？

**Q**

政府機關為公共工程辦理採購，能否要求得標廠商必須出具「履約保證金保證書」？此行為是否違反《公平交易法》？

**A**

按《政府採購法》第30條第1項後段規定，得標廠商須繳納保證金或提供或併提供其他擔保。但有下列情形之一者，不在此限：

一、勞務採購，以免收押標金、保證金為原則。

二、未達公告金額的工程、財務採購，得免收押標金、保證金。

三、以議價方式辦理的採購，得免收押標金。

四、依市場交易慣例或採購案特性，無收取押標金、保證金之必要或可能者。

由前述規定可知，政府機關為公共工程辦理採購，可依規定要求承包商繳納「保證金」。《政府採購法》第30條第2項進而

規定，保證金應由廠以以現金、金融機構簽發之本票或支票、保付支票、郵政匯票、政府公債、設定質權之金融機構定期存款單、銀行開發或保兌之不可撤銷擔保信用狀繳納，或取具銀行之書面連帶保證、保險公司之連帶保證保險單。至於保證金的繳納能否以出具「履約保證金保證書」的方式為之？

民國83年11月22日行政院公平交易委員會以公研釋字第082號函認為，公營發包機關依據現行公共工程履約保證金制度，訂定通行履約保證金的相關約款規定，尚不致構成違反《公平交易法》的規定。其理由為：

一、有關「履約保證金保證書」條款規定之合理性問題，涉及公共工程履約保證金之制度面因素，其制度之設計必須考量營繕工程實務與審計機關稽察作業之特殊性，並非僅就保證銀行與行政機關等當事人之特定法律關係，即可論其公平合理性。

二、保證銀行依據承包商本於承攬契約之請求，以出具「履約保證金保證書」方式提供信用擔保，純係公共工程履約保證金制度之金融中介者，保證銀行自得評估業務經營風險與成本利潤分析，根據企業經營管理之原則，自行決定是否經營或如何經營該項保證業務，當事人間尚無顯失公平之情事；另本案亦無具體事證足資認定涉有「聯合行為」。

# 參與政府採購的得標廠商，一定要繳交保證金嗎？

**Q**

大大營造廠參與一項公共工程的投標，於決標時被宣告得標，其應否繳交保證金？如需繳交，應如何繳交？

**A**

我國《政府採購法》第30條第1項規定，機關辦理招標，應於「招標文件」中規定投標廠商須繳納「押標金」；「得標廠商」須繳納「保證金」或提供或併提供其他擔保（例外情形請見〈政府機關發包工程，能否要求承包廠商繳納履約保證金？〉一文）。所以，得標廠商原則上要繳交保證金，但有〈政府機關發包工程，能否要求承包廠商繳納履約保證金？〉一文中之任一情形，且機關未於招標文件中載明繳納保證金者，即無須繳納。

而前述的「勞務」採購，所指的「勞務」乃指專業服務、技術服務、資訊服務、研究發展、營運管理、維修、訓練、勞力及其他經主管機關認定的勞務（參見《政府採購法》第7條第3項）。

又何謂「未達公告金額的工程、財物採購」？其乃指工程、財物採購金額在新台幣一百五十萬元以下者（註1）。

　　明白前述說明之後，得標廠商如須繳交保證金，還應注意繳交的方式。廠商依規定繳納保證金時，除應注意要以「得標廠商」的名義繳納外，還須遵守《押標金保證金暨其他擔保作業辦法》（註2）的相關規定辦理。

註1：我國《政府採購法》第13條第3項規定，「公告金額」應低於「查核金額」，由主管機關參酌國際標準定之。而行政院公共工程委員會於民國111年12月23日訂定，「查核金額」，在工程及財物採購為新台幣五千萬元；勞務採購為新台幣一千萬元。同時訂定「公告金額」，在工程、財物及勞務採購均為新台幣一百五十萬元。

註2：《押標金保證金暨其他擔保作業辦法》係行政院公共工程委員會依《政府採購法》第30條第3項規定而制定。

第四篇

# Chapter 4
# 開標及決標

# 《政府採購法》如何規定開標及決標？

**Q**

《政府採購法》對於「決標」及「開標」規定如何？

**A**

關於「決標」的原則，《政府採購法》於第52條規定，機關辦理採購的決標，應依下列原則之一辦理，並應載明於「招標文件」中：

一、訂有底價的採購，以合於招標文件規定，且在底價以內的最低標為得標廠商。

二、未訂底價的採購，以合於招標文件規定，標價合理，且在預算數額以內的最低標為得標廠商。

三、以合於招標文件規定的「最有利標」為得標廠商。

四、採用複數決標的方式：機關得於招標文件中公告保留採購項目或數量選擇的組合權利，但應合於最低價格或最有利標的競標精神。

## 複數決標之態樣表

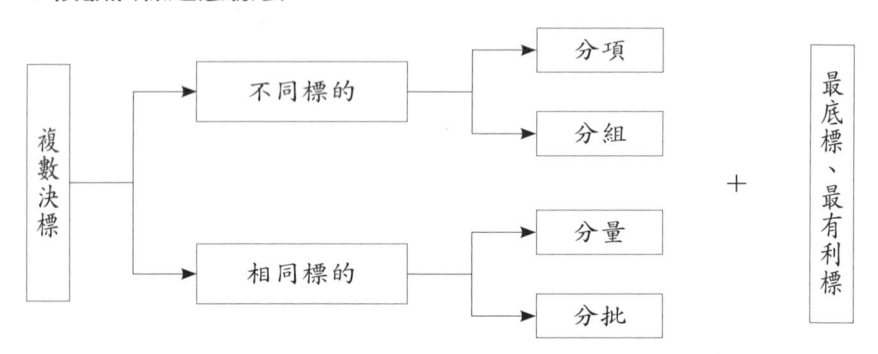

```
                    ┌──→ 分項
          ┌─ 不同標的 ─┤
          │         └──→ 分組
複數決標 ──┤                      ＋  最底標、最有利標
          │         ┌──→ 分量
          └─ 相同標的 ─┤
                    └──→ 分批
```

※本圖摘自王國武著：政府採購契約之管理與爭議研析，頁12，2020年4月一版一刷，新學林出版股份有限公司出版

其次，廠商投標之後，機關原則上應「開標」，但如有《政府採購法》第50條第1項所列下述情形之一，而由機關於開標前發現者，該廠商所投的標應不予開標；如係於開標後發現，就不決標予該廠商：

一、未依招標文件之規定投標。

二、投標文件內容不符合招標文件之規定。

三、借用或冒用他人名義或證件投標。

四、以不實之文件投標。

五、不同投標廠商間之投標文件內容有重大異常關聯。

六、《政府採購法》第103條第1項不得參加投標或作為決標對象之情形（註1）。

七、其他影響採購公正之違反法令行為。

第四篇　開標及決標

　　如果決標或簽約後發現得標廠商於決標前有前述一～七的情形之一者,應撤銷決標、終止契約或解除契約,並得追償損失(參見《政府採購法》第50條第2項前段);但撤銷決標、終止契約,或解除契約反不符合「公共利益」(註2),並經上級機關核准者不在此限。

註1:《政府採購法》第103條第1項:「依前條第三項規定刊登於政府採購公報之廠商,於下列期間內,不得參加投標或作為決標對象或分包廠商:一、有第一百零一條第一項第一款至第五款、第十五款情形或第六款判處有期徒刑者,自刊登之次日起三年。但經判決撤銷原處分或無罪確定者,應註銷之。二、有第一百零一條第一項第十三款、第十四款情形或第六款判處拘役、罰金或緩刑者,自刊登之次日起一年。但經判決撤銷原處分或無罪確定者,應註銷之。三、有第一百零一條第一項第七款至第十二款情形者,於通知日起前五年內未被任一機關刊登者,自刊登之次日起三個月;已被任一機關刊登一次者,自刊登之次日起六個月;已被任一機關刊登累計二次以上者,自刊登之次日起一年。但經判決撤銷原處分者,應註銷之。」

註2:台北高等行政法院104年度訴字第2018號判決,該案是新北市政府的一件採購案,該廠商已經採購機關(新北市政府)驗收完成,得標廠商於履約安裝電池時,已依約將各站台舊有電池拆運、回收,致無法回復,若撤銷決標或解除契約,原已裝妥之電池必須拆卸,使各站台陷於無備用電池之風險,如有停電情事發生,將影響情資傳

遞之風險與危害,顯不符「公共利益」。參見王國武著:政府採購契約之管理與爭議研析,頁378〜379,2020年4月一版一刷,新學林出版公司出版。

# 何種情形下，招標機關可以開標而不予以決標？

**Q**

廠商參加招標機關的投標，最在乎的不外是「開標」、「決標」，而實務上有些廠商已投標，卻發生招標機關認為暫不予以決標之事，究竟何種情形下，招標機關可以如此處置？

**A**

按《政府採購法》第48條第1項規定，機關依本法規定辦理招標，除有下列情形之一不予開標決標外，有三家以上合格廠商投標，即應依招標文件所定時間開標決標：

一、變更或補充招標文件內容者。

二、發現有足以影響採購公正的違法或不當行為者。

三、依《政府採購法》第82條規定暫緩開標者。

四、依《政府採購法》第84條規定暫停採購程序者。

五、依《政府採購法》第85條規定由招標機關另為適法的處置者。

六、因應突發事故者。

七、採購計畫變更或取銷採購者。

八、經主管機關認定的特殊情形。

就上述規定，茲舉兩例說明之：

**案例一**：一熱水爐更新及系統改善工程共有四家廠商投標，招標機關發現原招標文件所訂的廠商資格與認定標準的相關規定有違，又有「同級品」（註1）爭議，及技師原規劃設計存在未考慮宿舍裝修後的熱水需求量及管路配置問題，認有變更或補充招標文件的必要，於是依《政府採購法》第48條第1項第1款「變更或補充招標文件內容者」的規定而為「廢標」（註2）。

**案例二**：一招標案已有兩家廠商投標，招標機關為增加廠商競標，決定依《政府採購法》第48條第1項第7款「採購計畫變更或取消採購者」的規定，廢標後，修改規範，重新調查需求數量，重行招標（註3）。

由上述兩件案例，即可明白《政府採購法》第48條第1項規定的運用。

而招標機關依上述規定，於開標後發現無法決標，而將招標歸於「無效」，此為「廢標」，廢標不同於「流標」（註4），廢標後，應依法再重行招標。

註1：「同等品」依《政府採購法第26條執行注意事項》第11點前段規定，乃指經機關「審查」規定其功能、效益、標準或特性等不低於「

招標文件」所要求或提及者,並得予以「檢驗」或「測試」。至於「審查」方式,依《政府採購法第26條執行注意事項》第12點,由機關就廠商所提出的同等品比較表等資料,擇「自行審查」、「開會審查」、「委託審查」方式之一進行。

註2:參見行政院公共工程委員會編印:政府採購暨促參申訴案例彙編(五),頁137～150,民國97年5月初版,行政院公共工程委員會發行。

註3:參見行政院公共工程委員會編印:前揭書,頁124～136。

註4:因未滿三家,於開標前廠商家數不足,而不符開標的條件者,稱之為「流標」。參見林鴻銘著:政府採購法之實用權益,頁165,民國97年10月九版,永然文化出版公司出版。

# 投標廠商對最低標決標的法律須知

**Q**

大大公司參與甲機關辦理「兒童室及開架式空間改善工程」採購案的投標,該採購採用最低標決標,投標廠商應具備哪些法律認識?

**A**

機關辦理採購的決標,其所採用的原則,應載明於「招標文件」中,至於決標的方式按下列原則之一辦理(參見《政府採購法》第52條第1項):

一、訂有底價的採購,以合於招標文件規定,且在底價以內的「最低標」為得標廠商。

二、未訂底價的採購,以合於招標文件規定,標價合理,且在預算數額以內的「最低標」為得標廠商。

三、以合於招標文件規定的「最有利標」(註)為得標廠商。

四、採用「複數決標的方式」:機關得於招標文件中公告保留採購項目或數量選擇的組合權利,但應合於「最低價格」或「

最有利標」的競標精神。

所以，「最低標」屬於法律所規定的決標方式之一。廠商面對此種決標方式，尚應注意不能有「總標價偏低」或「部分標價偏低」，且顯不合理。因為《政府採購法》第58條規定，如認為最低標廠商的「總標價偏低」或「部分標價偏低」顯不合理，有降低品質、不能誠信履約之虞或其他特殊情形，採購機關即得通知該廠商提出說明或擔保。

因而投標廠商尚須注意投標時，不能有「總標價偏低」或「部分標價偏低」的情形。現將之分述如下：

### 一、總標價偏低

所謂「總標價偏低」乃指具有下述情形之一者（參見《政府採購法施行細則》第79條）：

㈠訂有底價的採購，廠商的總標價低於百分之八十者。

㈡未訂底價的採購，廠商的總標價經「評審」或「評選委員會」認為偏低者。

㈢未訂底價且未設置評審委員會或評選委員會的採購，廠商的總標價低於「預算金額」或「預估需用金額」的百分之七十者；預算案尚未經立法程序者，以「預估需用金額」計算之。

### 二、部分標價偏低

所謂「部分標價偏低」，乃指具有下述情形之一者（參見《政府採購法施行細則》第80條）：

　　㈠該部分標價有對應的底價項目可供比較，該部分標價低於相同部分項目底價的百分之七十者。

　　㈡廠商的部分標價經評審或評選委員會認為偏低者。

　　㈢廠商的部分標價低於其他機關最低辦理相同採購決標價之百分之七十者。

　　㈣廠商的部分標價低於可供參考的一般價格的百分之七十者。

註：採「最有利標」決標，須注意《政府採購法》第52條、第56條、第94條規定外，尚須注意《最有利標評選辦法》、《採購評選委員會審議規則》，此種決議方式，非以「價格」為考量，而以有利採購標的為採購對象。參見張祥暉主編：政府採購法問答集，頁89～90，2009年10月一版一刷，新學林出版公司出版。

# 招標機關對已決標得標之廠商，可否要求對標價偏低提出說明？

**Q**

甲機關採用「最低標」決標的方式辦理招標採購，招標機關的底價為新台幣（下同）九百九十九萬元，而乙廠商以總標價八百四十萬元得標。甲機關通知乙廠商辦理簽約，並註明將依得標價與底價的比例調整契約單項價格，乙廠商該怎麼辦？

**A**

機關採購如採用「最低標」決標時，倘認為最低標廠商的「總標價」或「部分標價」偏低，顯不合理，有降低品質、不能誠信履約之虞或其他特殊情形，《政府採購法》賦予招標機關有事前審查的權利。亦即採購機關於決標前可依相關規範，採行「照價決標」、「要求廠商提出合理的說明或擔保」或是「不予決標」等不同的處理方式（註1）；但如經招標機關決標後，則不得再要求廠商提出說明或擔保（註2）。

如招標機關於「決標」前要求廠商提出說明或擔保者，廠商須於機關通知的期限內提出「合理的說明或擔保」；否則，招標

機關得不決標予該廠商,並以「次低標廠商」為最低標廠商(參見《政府採購法》第58條後段)。如已決標,招標機關才要求廠商說明,廠商可以不說明,機關也不得以「廠商未說明」為由,取消廠商的得標資格。

註1:《政府採購法》第58條:「機關辦理採購採最低標決標時,如認為最低標廠商之總標價或部分標價偏低,顯不合理,有降低品質,不能誠信履約之虞或其他特殊情形,得限期通知該廠商提出說明或擔保。廠商未於機關通知期限內提出合理之說明或擔保者,得不決標予該廠商,並以次低標廠商為最低標廠商。」

註2:參見行政院公共工程委員會編印:政府採購暨促參申訴案例彙編㈤,頁157,民國97年5月初版,行政院公共工程委員會發行。

# 廠商對於適用「最有利標」決標作業程序的應有認識

**Q**

政府機關採購如適用「最有利標」決標，其作業程序有一定的規定，廠商應具有哪些認識？

**A**

政府採購有些適用「最有利標」決標，例如：《政府採購法》第52條第2項，機關辦理公告金額以上之專業服務、技術服務、資訊服務、社會福利服務或文化創意服務者，以不訂底價之「最有利標」為原則。而適用「最有利標」為決標時，其作業程序如何？

適用最有利標決標的作業程序為：

一、報上級機關核准：機關採最有利標決標者，不論採購金額大小，於招標前，應先報經上級機關核准（參見《政府採購法》第56條第3項）。

二、於招標前成立「採購評選委員會」，訂立或審定招標文件的評選項目、評審標準及評定方式。

三、辦理招標公告。

四、注意「等標期」（注意《招標期限標準》的規定）。

五、依招標文件規定辦理開標、評選。

六、不訂底價：按《政府採購法》第47條第1項第2款規定，機關辦理以最有利標決標的採購，得不訂底價。

七、評定最有利標後即決標（註）。

又機關評選最有利標的過程中，各次會議應作成紀錄，載明下列事項：一、評選委員會的組成、協助評選的人員及其工作事項；二、評選方式；三、投標廠商名稱；四、評選過程紀要；五、各投標廠商評選結果；六、有評定最有利標者，其理由；七、個別委員要求納入紀錄的意見（參見《最有利標評選辦法》第23條）。

註：參見行政院公共工程委員會編印：最有利標作業手冊，頁2～3，行政院公共工程委員會發行，民國92年12月修正版。

# 投標廠商對採用「最有利標」決標方式的應有認識

**Q**

甲機關採購一項公共工程,決定依「最有利標」的方式決標,而廠商乙打算參與投標。乙廠商在法律上應有哪些認識?

**A**

機關的決標方式適用《政府採購法》第52條第1項的規定,即:一、訂有底價的採購,以合於「招標文件」規定,且在底價以內的最低價為得標廠商;二、未訂底價的採購,以合於「招標文件」規定,標價合理,且在預算數額以內的「最低標」為得標廠商;三、以合於招標文件規定的「最有利標」為得標廠商;四、採用複數決標的方式。

依上所述,可知「最有利標」的決標方式為我國《政府採購法》所規定的決標方式之一,但採用此種方式決標,限於採購機關「辦理公告金額以上之專業服務、技術服務、資訊服務、社會福利服務或文化創意服務者」(《政府採購法》第52條第2項)(註1)。

廠商若採用「最有利標」決標方式,應注意以下兩點:

## 一、注意最有利標的評選辦法

決標依「最有利標」方式辦理者,應依招標文件所規定的評審標準,就廠商投標標的之技術、品質、功能、商業條款或價格等項目作「序位」或「計數」的綜合評選,評定最有利標。價格或其與綜合評選項目評分的商數,得作為單獨評選的項目或決標的標準。未列入的項目,不得作為評選的參考,評選結果無法依機關首長或「評選委員會」過半數的決定評定最有利標時,得採行「協商」措施,再作「綜合評選」,評定「最有利標」。評定應附「理由」,綜合評選不得逾「三次」（參見《政府採購法》第56條第1項）。

廠商尚須注意《最有利標評選辦法》的規定,該辦法係由主管機關依《政府採購法》第56條第4項之規定所訂立。招標機關於規定最有利標的評選項目及子項,係就下列事項擇定之:㈠技術、㈡品質、㈢功能、㈣管理、㈤商業條款（註2）、㈥過去履約績效、㈦價格、㈧財務計畫、㈨其他與採購功能或效益相關的事項。至於要擇定時,應考量下列規定,即:㈠與採購目的有關；㈡與決定「最有利標」之目的有關；㈢與合辦廠商差異有關；㈣明確、合理及可行；㈤不重複擇定子項（參見《最有利標評選辦法》第5條、第6條第1項）。

## 二、注意評選委員會的組成

　　機關辦理「評選」,應成立五人至十七人評選委員會,專家學者人數不得少於三分之一,其名單由主管機關會同教育部、考選部及其他相關機關建議(參見《政府採購法》第94條第1項)。廠商尚須注意《採購評選委員會組織準則》及《採購評選委員會審議規則》的規定,前述「準則」或「規則」係由主管機關依《政府採購法》第94條第1項的規定而訂立。

　　廠商於參與採購,如採購公報決定採購依「最有利標決標」時,自應注意評選委員會的組成及其審議是否符合相關規定,倘若未依規定時,自可依法提出「異議」(註3)。

　　實務上即有一案例,因採購機關未依規定進行決標,而遭廠商依法「異議」,採購機關駁回廠商的異議,廠商乃進而提出申訴。具體言之,該案例認為:「本案招標機關採最有利標方式決標,應依本法第94條規定成立評選委員會;復依該條第2項訂定之採購評選委員會組織準則第4條規定:『本委員會置委員五人至十七人,就具有與採購案相關專門知識之人員派兼或聘兼之……』……招標機關主張該八人『均是與採購案有關之人員』,惟無法提出被告是否具有與本採購案相關採購專門知識之說明,以證明彼等是以依招標文件所定評選項目擔任評選工作。故招標機關遴聘該八位外聘委員,顯然不符上開準則第4條第1項規定。…

…招標機關本案評選程序尚難謂無違反法令之處,應撤銷原異議處理結果,招標機關應依本法第85條第1項規定另為適法之處置。……」(註4)。

廠商於參與採購,如遇上招標文件載明採用「最有利標」之決標方式時,務必注意上開規定,俾保自身權益!

註1:關於「最有利標」的決標方式,可詳參林炳坤著:最有利標實例精解,2010年2月初版,永然文化出版公司出版。
註2:在此所稱的「商業條款」,如:履約期限、付款條件、廠商承諾給付機關情形、維修服務時間、售後服務、保固期或文件備置等。
註3:參見《政府採購法》第75條的規定。
註4:參見行政院公共工程委員會編印:政府採購申訴案例彙編㈣,頁86~88,民國96年4月四版,行政院公共工程委員會發行。

# 政府採購於何種情形下,可採用最有利標?

**Q**

大大公司最近想參加一項政府採購的招標,且聽說這次是採用「最有利標」方式決標;大大公司因而想了解政府採購在何種情形下會採用「最有利標」決標?

**A**

按我國《政府採購法》第52條第1項規定,機關辦理採購的決標,應依下列原則之一辦理,並應載明於「招標文件」中:

一、訂有底價的採購,以合於招標文件規定,且在底價以內的「最低標」為得標廠商。

二、未訂底標的採購,以合於招標文件規定,標價合理,且在預算數額以內之「最低標」為得標廠商。

三、以合於招標文件規定之「最有利標」為得標廠商。

四、採用複數決標之方式:機關得於招標文件中公告保留採購項目或數量選擇之組合權利,但應合於「最低價格」或「最有利標」之競標精神。

此一決標的原則規定，係參考「政府採購協定」第13條的規定，明定決標原則得選擇合格「最低標」或「最有利標」及「複數」的決標方式為之，期使決標結果更符合政府利益。在上述決標的原則規定，有所謂的「最有利標」，此即選擇廠商時的考慮因素，包括廠商的信譽、構想及施工規劃能力，認為對採購長程而言最有利者，可以加以選擇，而不是只以「價格」為唯一的決定因素；此種情形，即是在招標文件中明定其決標的遊戲規則，可以各種綜合評比各家廠商的技術規格、商業條件、經驗能力、價格之後之「最有利標」的決標，使採購機關能從「企業經營者的角色」，將預算花得最有價值（註1）。

　　《政府採購法》第51條第2項規定，機關辦理「公告金額」以上之專業服務、技術服務、資訊服務、社會福利服務或文化創意服務者，以不訂底價之最有利標為原則。一旦決標採用「最有利標」時，則應遵守《政府採購法》第56條（註2）規定。

註1：參見唐國盛律師著：政府採購法律應用篇，頁318、322，永然文化出版公司出版，民國92年4月五版。行政院公共工程委員會編印：最有利標作業手冊，頁1～2，民國90年12月再版。

註2：《政府採購法》第56條：「決標依第五十二條第一項第三款規定辦理者，應依招標文件所規定之評審標準，就廠商投標標的之技術、品質、功能、商業條款或價格等項目，作序位或計數之綜合評選，評定最有利標。價格或其與綜合評選項目評分之商數，得做為單獨

評選之項目或決標之標準。未列入之項目,不得做為評選之參考。評選結果無法依機關首長或評選委員會過半數之決定,評定最有利標時,得採行協商措施,再作綜合評選,評定最有利標。評定應附理由。綜合評選不得逾三次。依前項辦理結果,仍無法評定最有利標時,應予廢標。機關採最有利標決標者,應先報經上級機關核准。最有利標之評選辦法,由主管機關定之。」

## 廠商面對競標廠商於簡報時又補充龐大的資料,該怎麼辦?

**Q**

甲機關為「區域水資源營運管理系統建置計畫南區多媒體視訊及水文監測系統工程」採購案採用「最有利標」評選,共有A、B、C三家廠商投標,三家廠商於向評選委員簡報時,A廠商發現B廠商補充為數龐大且詳細的資料予評選委員,嗣後B廠商於決標時得標。A廠商認為程序不公,能否依《政府採購法》的相關規定,向採購機關抗議進行法律程序的救濟?

**A**

本案例係採用「最有利標」的決標方式,按《政府採購法》第52條第1項第3款規定,機關辦理採購的決標,可「以合於招標文件規定的最有利標為得標廠商」。又同法第56條第1項規定:「決標依第五十二條第一項第三款規定辦理者,應依招標文件所規定之評審標準,就廠商投標標的之技術、品質、功能、商業條款或價格等項目,作序位或計數之綜合評選,評定最有利標。價格或其與綜合評選項目評分之商數,得做為單獨評選之項目或決

標之標準。未列入之項目，不得做爲評選之參考。評選結果無法依機關首長或評選委員會過半數之決定，評定最有利標時，得採行協商措施，再做綜合評選，評定最有利標。評定應附理由。綜合評選不得逾三次。」。

廠商參與採用「最有利標」之決標方式時，尚須注意《最有利標評選辦法》，該辦法係依《政府採購法》第56條第4項之規定而訂定。依《最有利標評選辦法》第10條規定：「Ⅰ.評選最有利標，爲利評選委員對廠商於各評選項目表現爲更深入之了解，得輔以廠商簡報及現場詢答。Ⅱ.前項廠商簡報及現場詢答，應與評選項目有關；其列爲評選項目者，所占配分或權重不得逾百分之二十。Ⅲ.第一項簡報不得更改廠商投標文件內容。廠商另外提出變更或補充資料者，該資料應不納入評選。……」廠商於參與最有利標決標之投標，也應注意前開規定。

實務上，曾有一得標廠商於簡報時，向評選委員提出「補充的大量資料」，而遭其他未得標廠商「異議」、「申訴」；行政院公共工程申訴審議委員會認爲申訴成立，而將原異議處理結果撤銷，其理由爲：「……自截標後，廠商即不得以任何理由及方式（包含簡報及答詢程序）就投標文件爲增補刪改，此係基於公平性考量應有之解釋，評選辦法第10條第3項亦同此旨。……有關前揭評選辦法第10條第3項規定補充資料不納入評選部分，……前揭評選辦法第10條第3項規範之意旨，係使廠商獲平等受評

審之機會,甚為明顯。招標機關允許廠商乙公司將前述七冊補提之資料放置於評選委員桌上供其參考,使該資料置於評選委員可以納入考量之範圍,已經破壞投標廠商受審查機會之平等性,而與前揭評選辦法第10條第3項『廠商另外提出變更或補充資料者,該資料應不納入評選』之規定不符。……另有關前揭評選辦法第10條第3項規定簡報不得更改內容之部分,……前述七冊資料之數量規模且詳細之資料,其性質及實質上已經改變服務建議書部分較為簡略之內容,換言之,本件乙公司補提之前述七冊之資料,已難謂非『更改廠商投標文件內容』。……」(註1)。

綜上所述,本案例A廠商可以援用上開案例的精神針對甲機關之審標程序的違法,依《最有利標評選辦法》及《政府採購法》的相關規定,向甲機關提出「異議」,倘不幸「異議」遭駁回時,則可進一步向受理申訴的機構於「法定期限」內提出「申訴書」(註2),進行申訴的救濟,俾保自身權益。

註1:參見行政院公共工程委員會編印:政府採購暨促參申訴案例彙編(五),頁34,民國97年5月初版,行政院公共工程委員會發行。

註2:《政府採購法》第76條第1項規定:廠商對於公告金額以上採購異議之處理結果不服,或招標機關逾《政府採購法》第75條第2項所定期限不為處理者,得於收受異議處理結果或期限屆滿之次日起十五日內,以書面(《政府採購法》第77條)分向主管機關、直轄市或縣(市)政府所設之「採購申訴審議委員會」申訴。

# 投標廠商可以估價單與投標單上的金額不一致為由,而主張決標無效嗎?

**Q**

甲機關辦理「○○堤防工程」招標,乙公司前往投標,其投標單上載新台幣(下同)三千零四十萬元而得標,惟乙公司嗣後主張其於招標機關所提供的制式估價單上填估的小寫金額是四千五百一十二萬八千七百二十五元;顯然三千零四十萬元是誤填,且該標價偏低,顯不合理,此一決標應屬無效,乙公司的主張是否有理?

**A**

按採購案件採「最低價決標」者,其競標、決標的依據,應以投標廠商自行填載於標單上的金額為準,才符合公平、公開之採購程序的要求。至於投標廠商在估價單上所填寫的金額,涉及投標廠商的營業成本與商業風險,不論該數額是否與標單上所載的投標金額一致,招標機關均無從探究該估價金額的合理性;所

以，投標廠商以其在「標單上所載金額」與「估價單上所載金額」有差異為由，進而主張其標價顯有錯誤，而否定決標的效力，是於法無據的（參見行政院公共工程審議委員會訴字第91419號審議判斷書）（註）。

另外，對於「標價偏低」的問題，《政府採購法》於第58條規定：「機關辦理採購採最低標決標時，如認為最低標廠商之總標價或部分標價偏低，顯不合理，有降低品質、不能誠信履約之虞或其他特殊情形，得限期通知該廠商提出說明或擔保。廠商未於機關通知期限內提出合理之說明或擔保者，得不決標予該廠商，並以次低標廠商為最低標廠商。」上述規定可由招標機關自行斟酌個案是否具有上述情事，倘「……機關認為廠商之標價無偏低、顯不合理，不能誠信履行之虞或其他特殊情形，而未要求廠商提出說明，該廠商卻主張其標價不合理時，機關如不予採信，亦得逕決標予該廠商……」（參見行政院公共工程委員會（88）工程企字第8818232號函）。

綜上所述，乙公司既為得標廠商，即應依招標機關的通知與之簽約並履約，而不得以「估價單」與「投標單」上的金額不一致為由，主張決標無效。

註：參見行政院公共工程委員會編印：政府採購申訴案例彙編(三)，頁332～333，民國94年4月一版一刷，行政院公共工程委員會發行。

# 採購機關於何種情形下,得宣布廢標?

**Q**

政府機關依《政府採購法》辦理採購,在何種情形下,可以宣布廢標?

**A**

我國《政府採購法》第50條第1項規定,投標廠商有下列情形之一,經機關於開標前發現者,其所投之標應不予開標,於開標後發現者,應不決標予該廠商:

一、未依招標文件之規定投標。

二、投標文件內容不符合招標文件之規定。

三、借用或冒用他人名義或證件投標。

四、以不實之文件投標。

五、不同投標廠商間之投標文件內容有重大異常關聯。

六、第103條第1項不得參加投標或作為決標對象之情形。

七、其他影響採購公正之違反法令行為。

廠商如有前述情形之一不予開標或不予決標,致採購程序無

法繼續進行者,機關得依《政府採購法》第50條第3項的規定宣布「廢標」。

曾有報載:某一公司未能達到招標內容規範的「得標公司必須具備處理銅污泥50%的處理能力」,因此將會議紀錄呈交縣長裁示是否「廢標」,此一問題即屬前述所規定情形之一。

註:本款是於民國91年2月6日修訂時增訂,其目的在於防杜圍標或其他假性競爭行為;實務情形例如:(1)不同廠商投標文件筆跡相同;(2)押標金由同一人或同一廠商繳納或申請退還;(3)投標標封或通知機關信函號碼連號,顯係同一人或同一廠商所為者。

# 招標機關可自行撤銷決標結果嗎？

**Q**

甲國立大學採購語言教室教學設備一套，於招標開標日，共有A、B、C、D、E五家廠商參與開標，其中的E公司因規格不符而離開現場，最後由A公司得標。

嗣後E公司認其規格與招標機關規格相符，且其標價還低於得標之A公司達新台幣四十萬元之多，因此向採購機關即甲國立大學提出異議。甲國立大學認為異議有理由，則其能否將原決標結果（即由A公司得標）予以撤銷？如可，則A公司能否提出救濟？

**A**

按《政府採購法》第84條第1項規定：「廠商提出異議或申訴者，招標機關評估其事由，認其異議或申訴有理由者，應自行撤銷、變更原處理結果，或暫停採購程序之進行。但為應緊急情況或公共利益之必要，或其事由無影響採購之虞者，不在此限。」上述條文乃明定招標機關接獲廠商提出之「異議」或「申訴」後所應採取之必要措施，是要求招標機關應確實評估廠商「異議

」或「申訴」有無理由,以使招標機關及早改正或取消違法的採購行為,並避免造成政府損失擴大或使可能違法的情形更形惡化(註1)。

以本案例而言,甲國立大學既於宣布決標後、簽約前發現其原決標決定有瑕疵,致決標予原不應得標之A公司,則為使招標機關及早改正或取消違法的採購行為,並避免造成政府損失的擴大,或使可能的違法情形更加惡化,招標機關甲國立大學自得依《政府採購法》第84條第1項及《行政程序法》第117條之法理撤銷決標。

至於原先被宣布得標之A公司,如於得標後即向國外原廠台灣代理商下採購訂單,因信賴原決標結果遭受財產上損失者,招標機關應考量予以適當的補償(公共工程採購申訴審議委員會訴字第91297號審議判斷書)(註2)。

註1:參見唐國盛律師著:政府採購法律應用篇,頁418,民國92年4月五版,永然文化出版公司出版。
註2:參見行政院公共工程委員會編印:政府採購申訴案例彙編㈢,頁324,民國94年4月一版一刷,行政院公共工程委員會發行。

第五篇

# Chapter 5

# 合約

# 如何簽訂工程合約？

承攬政府機關的工程，合約如何簽訂？有沒有應載明之事項？

工程合約屬於「承攬契約」的一種，「承攬」為當事人約定一方為他人完成一定的工作，他方俟工作完成，給付報酬的契約（參見《民法》第490條）。

筆者認為簽訂工程合約，應注意以下重點：

一、明定合約範圍與承包商應盡的義務。

二、明定付款辦法，內容包括每月估驗計價頻率、每期計價付款比例、進場材料、設備之計算方式、物價指數調整方式。

三、明定付款期限。

四、明定各項工程保證的額度、方式、期限及退還程序。

五、明定工程變更時雙方的權利與義務。

六、明定工程施工期間，工期訂定應合理，勿過於緊迫。工作天的計算方式以及星期例假日是否免計「工作天」，應於合約

內明定。

七、工料價格變動的調整。

八、明定工程施工期間，因承包商疏忽，致工程與合約規定不符的處理，內容包括拆除重做或加強、扣款方式。

九、明定工程施工期間，因不可歸責於承包商的事由，經定作人通知承包商全部或部分停工，其停工時間超過合約規定而導致之損害賠償。

十、明定承包商未依合約規定期限內完工的逾期責任與罰則。

十一、明定投保「工程保險」（註）之規定，投保項目得視工程實際需要，要求承包商投保營造工程綜合損失險、營造工程第三人意外責任險、鄰屋龜裂倒塌責任險、承包商員工的保險、營建機具綜合保險。

十二、明定承包商對環境、交通及安全衛生等工地維護的責任。

十三、明定使用專利品或專利性施工法涉及智慧財產權時，其合法取得的責任。

十四、明定工程災害的處理與責任。

十五、明定工程爭議的處理與仲裁，以有效解決紛爭降低承包風險。

十六、明定工程完工報驗前，承包商應注意事項。

十七、明定驗收時應行丈量、查驗、檢驗、試驗等方法與標準。

十八、明定保固期限、保固保證金的額度及退還方式。

十九、合約相關文件名稱應明列於合約中,如工程投標單、投標須知、單價分析表及有關圖說文件……等。

二十、應於合約內明定建築用砂規格、品質、數量,並防杜使用海砂,確保建築物的安全。

二十一、合約內如約定可使用「同等品」,此係指建材品質、性能均不低於原合約指定廠牌水準的同等商品;又使用同等品應限列下述三種情形:

㈠指定的建材市場缺貨,經公會證實者。

㈡指定的建材受廠商壟斷,其價格高於設計單價,顯有抬高價款形成壟斷的情形。

㈢指定的建材廠商無法於工程所需時間內供貨者。

註:工程保險(Engineering Insurance),究其濫觴可溯至1929年的泰晤士河蘭貝斯橋(Lambeth Bridge)的建造,但真正開辦乃在二次世界大戰後的重建時期。與工程有關的風險,藉保險方式轉移,如:營造綜合保險、安裝綜合保險、營建機具綜合保險、第三人意外責任保險、僱主意外責任保險……等。參見劉福標著:工程保險與保證,頁7～9,民國88年3月初版一刷,漢天下工程管理顧問有限公司發行。

# 行政機關與私人間所訂立的契約，一定是「行政契約」嗎？

**Q**

承包商大大公司與某政府機關簽訂○○區計畫綜合示範社區公共工程之監造顧問技術服務契約，其究為「行政契約」或「一般私法契約」？

**A**

契約法體系有「公法契約」與「私法契約」的區別，此一區分的實益，乃在於原則上有無《行政程序法》的適用或專以「民事法」為適用依據（註1）。行政契約為「公法契約」，其與一般「私法契約」不同，契約是否屬於「行政契約」，應就契約標的內容是否涉及「公權力的行使」而定。

所以如契約法律關係屬「公法上法律關係」，造成公法上權利義務的變動，則屬「行政契約」；至於所謂行政機關行政業務的委託，是否屬之？應視其委託事項有無涉及公權力的行使，並影響人民公法上權利義務而定。若屬權限委託，涉及「公權力行使」，則須有法規的授權方可；而一般的業務委託，不涉公權力

的行使,無須有法規的依據,則屬「一般私法契約」(註2)。

就以本案例而言,委託之一方固為某政府機關,但因僅係一般的業務委託,而未涉公權力的行使,屬於「一般私法契約」。

註1:參見蔡秀卿撰:「行政契約」,載台灣行政法學會主編:行政法爭議問題研究(上),頁524,2000年12月初版一刷,五南圖書出版有限公司出版。

註2:參見蔡欽源撰:〈公共工程契約之法律屬性及訂約後之行政函釋對公共工程契約當事人之拘束力〉一文,載中華民國仲裁協會出版:工程仲裁案例選輯㈤,頁222,2003年7月一版。

# 什麼是總價承包契約？

**Q** 工程契約有哪些種類？什麼是總價承包契約？

**A** 所謂「工程契約」，是定作方與承包方為了確保工程完成雙方所約定的條款，具體而言，即是定作人與承攬廠商間，約定契約範疇及金額並具有約束力的法律文字。現今的工程契約，有越來越厚重的趨勢，就其基本架構，大致可分為：「主文件」（契約主文、投標須知、招標公告、決標公告）、「特定條款」、「施工規範」、「履約期間各種書表程式」、「詳細價目表及單價分析表」、「設計圖說」等（註），雖然契約文件很厚重，但雙方當事人仍應詳細閱覽，才能保障權益。

工程契約種類可分為「定額承包契約」、「成本報酬契約」及「第三類契約」三大類。「定額承包契約」（Fixed Price Contracts），又可分為「總價承包契約」（Lump-Sum Contracts）、「單價承包契約」（Unit-Price Contracts）、「數量精算式總價承包契約」（Measure and Value Contracts）。

所謂「總價承包契約」，係指定作方、承攬方雙方約定完成規範、圖說所訂定的一切工程所需的總價款的一種契約；因而一旦承包商完成契約所約定的全部工作，定作人即負有按契約所訂總價款付款的義務，與「單獨承包契約」的付款方式，係按承包方所完工的工程數量及簽訂的單價核算付款者有所不同。

註：黃宗文著：公共工程履約管理100問，頁13，2018年7月初版一刷，元照出版有限公司發行。

# 政府採購契約中如何約定「終止」或「解除」的事由？

**Q**

大大公司在一件政府採購中得標，現欲與機關訂立採購契約，其對於契約中「終止」或「解除」的約定，應注意哪些問題？

**A**

政府採購，得標廠商與機關訂立契約，務必謹慎。依《政府採購法》第6條第1項固然規定：「機關辦理採購，應以維護公共利益及公平合理為原則，對廠商不得為無正當理由之差別待遇。」；但實際上機關於訂立契約時，仍常立於「本位主義」，故廠商宜謹慎面對。

《政府採購法》第63條第1項規定，各類採購契約的要領，由主管機關參考國際及國內慣例定之。行政院公共工程委員會也於民國88年5月25日發布《採購契約要項》，該要項並於民國91年11月4日、92年3月12日、93年9月24日、95年1月2日、99年12月29日、108年8月6日多次修訂。該要項內容，機關得依採購契約的特性及實際需要擇訂於契約中；但本要項敘明應於契約內訂

第五篇　合約

明者,應予納入。

所以關於採購契約中,對於「契約終止或解除」,《採購契約要項》的規定主要有三,而廠商自應注意這些規定,現分述如下:

## 一、終止或解除契約之情形

契約得訂明機關得通知廠商終止或解除契約之情形。契約得訂明終止或解除契約,屬可歸責於廠商之情形者,機關得依其所認定之適當方式,自行或洽其他廠商完成被終止或解除之契約;其所增加之費用,由原契約的廠商負擔(《採購契約要項》第65點)。

## 二、因政策變更之終止或解除契約

契約因政策變更,廠商依契約繼續履行反而不符公共利益者,機關得報經上級機關核准,終止或解除部分或全部契約,但應補償廠商因此所生之損失(《採購契約要項》第66點)。

此一規定為「權宜終止條款」(Termination for Convenience),係《政府採購法》第64條的規定,此乃基於「公共利益」為政府採購最重要的考量因素,如有因政策變更,廠商依契約繼續履行反不符公共利益,機關自宜以終止或解除分或全部契約,惟應補償廠商因此所生的損失,但只限於直接損害,不包括所失利

益（註）；又終止或解除部分或全部契約，採購機關須報經「上級機關」核准。

## 三、終止契約後之價金給付

依前述規定（《政府採購法》第64條）終止契約者，廠商於接獲機關通知前已完成且可使用之履約標的，依契約價金給付；僅部分完成尚未能使用之履約標的，機關得擇下列方式之一洽廠商為之：

(一)繼續予以完成，依契約價金給付。

(二)停止製造、供應或施作。但給付廠商已生之製造、供應或施作費用及合理之利潤（《採購契約要項》第67點）。

註：行政院公共工程委員會民國89年5月15日（89）工程企字第89013106號函。參見王國武著：政府採購法之實務，頁418，2017年8月一版一刷，新學林出版股份有限公司出版。

# 承包商對於工程契約變更，該如何應變？

**Q**

甲機關之工程由乙營造公司承包，雙方並訂有工程契約，該契約中有一「契約變更條款」，甲機關可否於上述條款之範圍外要求乙營造公司變更？乙營造公司遭遇上述情況應如何處理？

**A**

按工程承包契約在契約簽訂時，可能因工地條件的異常、設計不當、材料漲價……等因素，致契約內容有調整或修正的必要，因而在工程承包契約常見「契約變更條款」之約定（註1）。

定作人與承攬人雙方如於契約中訂有「契約變更條款」時，定作人固然可以於有變更必要時，要求承包商辦理契約變更，但必須於契約約定的範圍內進行變更，而承攬人不得拒絕契約變更的要求。惟定作人的變更指示不能有濫用權利、違反誠實信用原則的情事（註2）。

就本案例而言，乙營造公司面對甲機關要求變更契約內容，即可本於前述原則處理；另外還須注意，契約內容變更不同於「

額外工程」。所謂「額外工程」,是指定作人在原約定工作的範圍外,要求增加部分工程。承攬人可以透過「另訂契約」或「契約變更」的方式與定作人約定。

又,定作人與承包商對於「契約變更」,均須注意對相關工程施作與契約管理所產生的影響(註3),方能確保雙方之權益。

註1:《採購契約要項》第20點、第21點分別訂有「機關通知廠商變更契約」、「廠商要求變更契約」。
註2:參見李金松撰:〈營建工程契約變更的限制〉一文,載營造天下月刊第116期,頁5,民國94年8月25日發行。
註3:參見廖肇昌、李慶豐、鄭清傳合撰:〈公共工程契約管理與執行〉一文,載營造天下月刊第118期,頁14,民國94年10月25日發行。

# 公共工程承包商延誤履約，有何法律後果？

**Q**

大大公司係一營造廠，其得標一公共工程，已簽訂工程合約，並覓妥另一營造廠擔任「連帶保證人」（註1）；大大公司將來如發生履約延誤，有何法律後果？

**A**

對於公共工程的進度掌握相當重要，行政院公共工程委員會為有效處理廠商延誤履約，訂有《公共工程廠商延誤履約進度處理要點》（註2）。

這方面的問題，原則上依「工程合約」所訂定的內容來處理，但前述要點第3點也規定，得視機關與廠商所訂契約的規定及廠商履約情形，依下列方式之一處理：

一、通知廠商限期改善。

二、通知連帶保證廠商履約。

三、以監督付款方式，由分包廠商繼續施工。

四、終止或解除契約，重行招標。

五、其他經機關認定並訂明於契約之方式。

公共工程的合約內雖有「連帶保證」的廠商，但並非一有遲延，即要求連帶保證廠商接辦。依《公共工程廠商延誤履約進度處理要點》第7點規定：「契約訂有連帶保證廠商責任規定者，如廠商延誤履約進度，經機關評估宜由連帶保證廠商接辦時，機關應依契約規定通知連帶保證廠商履約。……」。

如有營造廠商因擔任他人之公共工程合約的「連帶保證人」，面對他人通知接辦時，應注意哪些問題？原則上，應就下列事項釐清或確認，並以「書面」提報採購機關同意：

一、各項工作銜接的安排。

二、原分包廠商後續事宜的處理。

三、工程預付款扣回方式。

四、已施作未請領工程款廠商是否同意由其請領；同意者，其證明文件。

五、工程款請領發票的開立及撥付方式。

六、其他應澄清或確認的事項（參見《公共工程廠商延誤履約進度處理要點》第9點）。

註1：「保證」，乃當事人約定，一方於他方之債權人不履行債務時，由其代履行責任的契約。「保證」屬於「人保」，不同於「物保」。保證有「普通保證」、「共同保證」及「連帶保證」之分。參見劉

福標著：工程保險與保證，頁239～242，民國88年3月15日初版一刷，漢天下工程管理顧問有限公司出版發行。

註2：該要點於民國91年11月18日訂定生效，共有十八點規定。

# 政府機關委託法人研究,如何約定著作權的歸屬?

**Q**

政府機關委託法人研究,其研究成果如屬於「著作」,依《著作權法》享有著作權時,在委託合約中,應如何約定著作權的歸屬?或如何取得合法使用的授權?

**A**

按政府機關與受託人簽訂委託研究、開發合約,如完成的成果係屬著作時(「著作」的定義請參照《著作權法》第3條第1項第1款)(註1),關於著作人的認定、著作財產權的歸屬及授權利用著作的情形應如何約定,因涉及政府機關得否合法使用著作,且避免著作權糾紛,宜由專案特性、實際需要、成本因素等方面考量,並遵照《著作權法》的相關規定約定之。《採購契約要項》第56點也規定,廠商履約結果涉及「智慧財產權」者,機關得視需要於契約規定取得部分或全部權利或取得「授權」。

如受託人為「法人」(註2),有以下兩種方式可供選擇,有關條款文字建議如下:

一、以受託人為著作人，政府機關所隸屬的公法人受讓其著作財產權，建議文字為：「依本合約完成之著作，以乙方（即受託人）為著作人，其著作財產權於著作完成同時讓與甲方，乙方並承諾不行使其著作人格權。乙方應保證對於其職員職務上完成之著作，應依著作權法第11條第1項但書規定，與其職員約定以乙方為著作人，享有著作人格權及著作財產權」（參照《著作權法》第36條第1項及第11條第1項但書）。

二、以受託人為著作人，僅授權政府機關所隸屬的公法人利用其著作，建議文字為：「依本合約完成之著作，以乙方為著作人，享有著作人格權及著作財產權，並授權甲方於該著作之著作財產權存續期間，有在任何地點、任何時間以任何方式利用、轉授權他人利用該著作之權利。乙方不得撤銷此項授權，且甲方不須因此支付任何費用。乙方應保證對於其職員職務上完成之著作，應依著作權法第11條第1項但書規定，與其職員約定以乙方為著作人，享有著作人格權及著作財產權。」（參照《著作權法》第37條及第11條第1項但書）

註1：「著作」，乃指屬於文學、科學、藝術或其他學術範圍之創作。
註2：法人依其設立基礎的不同，可分為「社團法人」與「財團法人」；前者以「社員」為基礎，後者以「財產」為基礎。又法人還有「公法人」與「私法人」之分。

# 政府機關委託自然人研究,如何約定著作權的歸屬?

**Q**

政府機關委託受託人研究,受託人為「自然人」,其研究成果如屬於「著作」,依《著作權法》享有著作權時,在委託合約中應如何約定著作權的歸屬?或如何取得合法使用的授權?

**A**

《著作權法》第3條第1項第1款規定,「著作」,乃指屬於文學、科學、藝術或其他學術範圍的創作。

而政府機關與受託人簽訂委託研究或開發的合約,如完成的成果係屬「著作」時,關於著作人的認定、著作財產權的歸屬及授權利用著作的情形均極為重要,妥適約定方可避免糾紛,約定時宜考量專案特性、實際需要及成本因素,並遵照《著作權法》的規定予以約定。約定時可分受託人為「法人」或「自然人」,如受託人為自然人時,似可考慮下列三種方式約定,有關條款文字建議如下:

一、以政府機關所隸屬的公法人為著作人,建議文字為:「

依本合約完成之著作,以甲方(即政府機關所隸屬之公法人為著作人)為著作人,享有著作人格權及著作財產權。」(參照《著作權法》第12條第1項但書)

二、以受託人為著作人,政府機關所隸屬的公法人享有其著作財產權,建議文字為:「依本合約完成之著作,以乙方(即受託人)為著作人,其著作財產權則歸甲方享有,乙方並承諾對甲方不行使其著作人格權。」(參照《著作權法》第12條第2項)

三、以受託人為著作人,享有著作人格權及著作財產權,政府機關所隸屬的公法人仍得利用其著作,建議文字為:「依本合約完成之著作,甲方得依著作權法第12條第3項規定利用該著作。乙方並同意甲方於該著作之著作財產權存續期間內,得授權他人有在任何地點、任何時間以任何方式利用該著作之權利。乙方不得撤銷此項授權,且甲方不須因此支付任何費用。乙方並承諾對甲方不行使著作人格權。」(參照《著作權法》第12條第2項及第3項、第37條)

# 參與政府採購得標的廠商一定要僱用原住民嗎？

**Q**

大大營造廠在台灣的員工有一百二十餘人，其於民國111年3月參與政府採購得標，大大營造廠有無僱用原住民的必要？

**A**

我國《政府採購法》第98條規定：「得標廠商其於國內員工總人數逾一百人者，應於履約期間僱用身心障礙者及原住民，人數不得低於總人數百分之二，僱用不足者，除應繳納代金，並不得僱用外籍勞工取代僱用不足額部分。」此一規定是有關保護弱勢團體的條文，具有明顯的社會福利意義（註1）。

所以本問題中，大大營造廠在台灣的員工既有一百人以上，且於民國111年3月間得標，自應適用前述規定僱用原住民。且除原住民外，連同身心障礙者，人數不得低於總人數的百分之一。而「原住民」究竟應占多少？

按《原住民族工作權保障法》第12條第1項規定：「依政府採購法得標之廠商，於國內員工總人數逾一百人者，應於履約期

間僱用原住民,其人數不得低於總人數百分之一。」所以行政院公共工程委員會函釋認為,政府採購如係於《原住民族工作權保障法》(註2)施行日後(民國90年10月31日)決標者,廠商之國內員工總人數逾一百人者,所僱用之「身心障礙者」及「原住民」人數均不得低於員工總人數之百分之一。

如果得標廠商僱用原住民的人數不足法定要求者,應於每月十日前依僱用人數不足的情形,向「原住民中央主管機關」設立的「原住民族就業基金專戶」,繳納上月的「代金」;而該代金的金額,依差額人數乘以每月基本工資計算;不足一月者,每日以每月基本工資除以30計(參見《政府採購法施行細則》第108條第1項、第2項)。

註1:參見林鴻銘著:政府採購法之實用權益,頁275,永然文化出版公司出版。

註2:《原住民族工作權保障法》係於民國90年10月31日總統公布,該法自公布日施行(《原住民族工作權保障法》第26條)。

第六篇

## Chapter 6

# 施工及驗收

# 廠商承包政府的工程，於施工時應注意哪些問題？

**Q** 廠商承包政府的工程，於施工期間應特別注意哪些問題？

**A** 依規定，主辦工程的機關必須就營繕工程做定期或不定期的抽驗；並且應作定期或不定期的品質查驗及評鑑工作，所以廠商應特別注意下列事項：

一、建築工程施工中的鋼筋，須注意有無經濟部商品檢驗局檢驗合格的證明。

二、對施工中建築物所使用的鋼筋或鋼骨，不得有輻射鋼筋的情事，且應依建築法規規定提出「無輻射污染證明」。

三、施工中應依照確保公共工程品質及安全的要求，不得使用海砂、海石為工程骨材。

四、施工如有剩餘土石方，應有「棄土處理計畫」，並妥善地依規定處理棄土。

五、對於施工現場及適當範圍內，應注意有關設施現況的調

查並進行安全防護,以預防損害事件的發生。

　　六、施工期間,所有廠商員工的管理、給養、福利、衛生與安全等,及所有施工機具、設備及材料之維護與保管,均由廠商負責。

　　七、適用《營造業法》的廠商應依《營造業法》規定設置專任工程人員及技術士。

　　八、廠商自備的材料、機具、設備,其品質應符合「契約」的約定,進入施工場所後由廠商負責保管(註)。

註:台北市政府工務局編輯:公共工程履約管理參考手冊,頁51,民國101年12月出版。

# 政府機關發包工程對公共安全有哪些規定？

**Q** 政府的公共工程發包，為了確保公共工程的安全性，有哪些規定？

**A** 以下四點為重要規定：

## 一、所使用鋼筋的查驗

為提高工程品質，保障公共安全，對於建築工程施工中的配筋查驗，請配合檢查鋼筋有無經濟部商品檢驗局檢驗合格的證明。

## 二、輻射鋼筋的避免

對施工中建築物所使用的鋼筋或鋼骨，應依建築法規指定承造人會同監造人提出無輻射污染證明（參見《施工中建築物出具無輻射污染證明實施計畫》）。

## 三、嚴禁海砂、海石

　　為確保公共工程之品質及安全，請督促所屬工程施工單位，嚴禁使用海砂、海石為工程骨材。

## 四、施工損害的危機處理

　　主辦工程機關應成立公共工程施工損害緊急處理小組，當損害發生時，能及時辦理相關措施，防止損害擴大及協助處理善後事宜（參見《行政院暨所屬各機關處理公共工程施工損害應注意事項》）。

# 廠商承包公共工程面對工程變更及新增項目應如何處理？

公共工程的發包，其承包商常會面臨工程變更或工程新增的情事，而不論是工程變更或新增，必然會增加工程款，政府機關會如何處理？

針對公共工程變更或新增項目，依行政院公共工程委員會於民國89年2月3日訂有《採購契約變更或加減價核准監辦備查規定一覽表》規定，而該規定又於民國91年3月29日修正，茲臚列於後：

| 項次 | 契約變更或加減價情形 | 核准規定 | 監辦規定 | 備查規定 |
|---|---|---|---|---|
| 一 | 辦理契約變更，不論原契約金額大小，其變更部分之累計金額未達公告金額。 | 一、適用未達公告金額採購招標辦法之核准規定。二、有政府採購 | 採購法第13條第2項監辦規定。 | 查核金額以上之採購，補具辦理結果之相關文件送上級機關備查。上級機關得決 |

| 項次 | 契約變更或加減價情形 | 核准規定 | 監辦規定 | 備查規定 |
|---|---|---|---|---|
| | | 法（以下簡稱採購法）第72條第2項減價收受之情形者，從其規定。 | | 定免送備查。契約價金變更後屬查核金額以上之採購者，除本表第四項之情形外，亦同。 |
| 二 | 辦理契約變更，其變更部分之累計金額在公告金額以上，未達查核金額，自累計金額達公告金額之時起。加帳累計金額在公告金額以上者，並須符合採購法第22條第1項各款情形之一。 | 一、採購機關自行核准。二、有採購法第72條第2項減價收受之情形者，從其規定。 | 採購法第13條第1項監辦規定。 | 查核金額以上之採購，補具辦理結果之相關文件送上級機關備查。上級機關得決定免送備查。契約價金變更後屬查核金額以上之採購者，除本表第四項之情形外，亦同。 |
| 三 | 辦理契約變更，其變更部分之累計金額在查核金額以上，自累計金額達查核金額之時起。加帳累計金額在公告金額以上者，並須符合採購法第22 | 一、採購機關自行核准。二、有採購法第72條第2項減價收受之情形者，從其規定。 | 一、採購法第12條第1項上級機關監辦規定。二、採購法第13條第1項監辦規定。 | |

第六篇　施工及驗收

| 項次 | 契約變更或加減價情形 | 核准規定 | 監辦規定 | 備查規定 |
|---|---|---|---|---|
| | 條第1項各款情形之一。 | | | |
| 四 | 契約價金變更，原「採購金額」未達查核金額，契約價金於變更後達查核金額之當次變更。 | 採購機關自行核准。 | 採購法第13條第1項監辦規定。 | 採購法第12條第2項，補具相關文件送上級機關備查。 |
| 五 | 未達查核金額之採購，不涉及契約價金之契約變更。 | 採購機關自行核准。 | | |
| 六 | 查核金額以上之採購，不涉及契約價金之契約變更。 | 採購機關自行核准。但上級機關另有規定者，從其規定。 | 上級機關另有規定者，從其規定。 | 補具辦理結果之相關文件送上級機關備查，上級機關得決定免送備查。但上級機關另有規定者，從其規定。 |
| 七 | 由機關決定增購，且已於原招標公告及招標文件敘明機關得就原標的決定增購之期間、數量或金額。不論原契約 | 適用採購法第22條第1項第7款情形，由採購機關自行核准。 | 增購部分之累計金額未達公告金額者，適用採購法第13條第2項監辦規定；累計 | 查核金額以上之採購，補具辦理結果之相關文件送上級機關備查，上級機關得決定免送備查。但上級機關另有規 |

| 項次 | 契約變更或加減價情形 | 核准規定 | 監辦規定 | 備查規定 |
|---|---|---|---|---|
| | 金額大小，在該得增購之期間、數量或金額以內，依原招標文件及契約規定辦理者。 | | 金額在公告金額以上而未達查核金額者，適用採購法第13條第1項監辦規定；累計金額在查核金額以上者，適用採購法第12條第1項及第13條第1項監辦規定。 | 定者，從其規定。 |
| 八 | 由廠商決定增加供應數量或金額（含採購契約價金之給付係依實際施作或供應之項目及數量給付），且已於招標文件敘明得增加供應數量或金額之上限及計價方式。不論原契約金額大小，在該得增購之數量或 | 適用採購法第22條第1項第16款情形，無核准程序。 | 增加部分之累計金額未達公告金額者，適用採購法第13條第2項監辦規定；累計金額在公告金額以上而未達查核金額者，適用採購法第13條第1項監 | 查核金額以上之採購，補具辦理結果之相關文件送上級機關備查，上級機關得決定免送備查。但上級機關另有規定者，從其規定。 |

| 項次 | 契約變更或加減價情形 | 核准規定 | 監辦規定 | 備查規定 |
|---|---|---|---|---|
| | 金額以內，依原招標文件及契約規定辦理者。 | | 辦規定；累計金額在查核金額以上者，適用採購法第12條第1項及第13條第1項監辦規定。 | |
| 九 | 原招標文件敘明機關或廠商得就原標的決定減購或減供應之數量或金額。不論原契約金額大小，在該得減購或減供應之數量或金額以內，依原招標文件及契約所列計價方式減價。 | 一、由機關決定減購者，由採購機關自行核准。二、由廠商決定減少供應數量或金額，不必事先徵得機關同意者，無核准程序。 | | 查核金額以上之採購，補具辦理結果之相關文件送上級機關備查，上級機關得決定免送備查。但上級機關另有規定者，從其規定。 |

附記：

(一)契約變更，指原契約標的之規格、價格、數量或條款之變更，並包括追加契約以外之新增工作項目；其變更，得分別適用採購法第22條第1項各款情形為之，但變更部分之累計金額應合計之。

(二)變更部分之累計金額，指契約價金變更之「加帳金額」及「減帳絕對值」合計之累計金額。

(三)契約價金於變更後達查核金額之當次以後之變更,適用查核金額以上採購之規定。

(四)「核准規定」欄,係指機關辦理契約變更或加減價之核准權責規定,其核准與否應考量契約變更、加減價及採限制性招標辦理之適法性及妥適性。「核准」,由機關首長或其授權人員為之。

(五)機關辦理採購,其決標金額依政府採購法第61條(於政府採購公報刊登決標公告)或第62條(定期彙送決標資料)規定傳輸至本會資料庫後,如有契約變更或加減價之情形,致原決標金額增加者,該增加之金額,亦應依上揭規定辦理公告、彙送。機關辦理工程採購,其須辦理契約變更而有新增非屬原契約數量清單內所列之工程項目者(不包含漏列項目),該新增工程項目單價編列方式,應以原預算相關單價分析資料為基礎,並考慮市場價格波動情形。其底價訂定,並應符合政府採購法第46條規定。

# 廠商承包政府機關的營繕工程，竣工不合規定，卻未改善，是否會受罰？

**Q**

廠商承包政府機關營繕工程，竣工初驗不合規定應予改善，然卻未依期限改善，主管單位能否按逾期的日數予以罰鍰？

**A**

內政部64年3月26日營字第62634號函釋稱：有關建築工程契約期限內完工，驗收工程時「應於竣工後一個月內辦理正式驗收及『罰鍰』之適用」，而內政部復於87年10月15日台內營字第8708309號函認為：「按本部64年3月26日內營字第626340號函釋，營造業承包各機關營繕工程竣工初驗不合規定應予改善，未依期限改善完竣，主管單位得按逾期之日數，依合約規定予以罰鍰。所釋要旨為逾期罰鍰之約定，應納入契約內始生效力，未納入契約者，自不得主張之。」可明白，未依期限改善完竣的違約罰鍰，係屬「違約金」性質（註），必須在機關與承包商間的工程

合約內加以約定,始可以依約定予以處罰;否則,仍依《民法》的相關規定處理。足見工程合約訂立的重要性。

又《政府採購法》第63條第1項規定:「各類採購契約的要項,由主管機關參考國際及國內慣例定之。」行政院公共工程委員會所頒的「採購契約要項」也將「逾期違約金」明列。於第45項規定如下:「逾期違約金,為損害賠償額預定性違約金,以日為單位,擇下列方式之一計算,載明於契約,並訂明扣抵方式:㈠定額。㈡契約金額之一定比率。前項違約金,以契約價金總額之百分之二十為上限。第一項扣抵方式,機關得自應付價金中扣抵;其有不足者,得通知廠商繳納或自保證金扣抵。」

註:「違約金者」,乃以確保債務之履行為目的,由當事人間約定於債務人不履行債務,或不為適當履行時,所應支付之金錢。參見劉春堂著:民法債編通則㈠契約法總論,頁214。另參見《民法》第250條〜第253條。

# 廠商承包公共工程遇有施工損害，應如何處理？

**Q**

承包公共工程，如發生施工損害，應如何處理？政府是否有相關規定？

**A**

行政院暨所屬各級行政機關、學校及公營事業機構處理公共工程施工損害，除法令另有規定外，應依《行政院暨所屬各機關處理公共工程施工損害應注意事項》的規定。

具體而言，承包商應按以下要點處理：

一、公共工程自開工日起至驗收合格日止，因施工致鄰地所有人或第三人受損害，承造人應立即採取補救措施，並應考量土地及其周邊安全，注意防止損害持續的擴大。

二、公共工程施工損害發生後，承造人應會同主辦工程機關、監造人勘查損害情形，除經認定無危害公共安全之虞者，否則應即停止全部或部分工程的施工。

三、公共工程施工對鄰地所有人或第三人造成損害者，承造

人應與受損害人進行協議,協議內容應包括:損害修復、賠償、安全防護、後續施工條件及其他有關事宜。

　　四、前述協議會議應作成「翔實紀錄」,所以記錄的第一要務是「精確度」,因為記錄雖完整,但記錯了,這份紀錄就毫無用處;其次是「速度」,實務上雖然很難做到即時性的記錄,但會後二至三日內發出紀錄,仍有同時效果(註)。現場完成的紀錄需參與協議人員共同簽名,並由承造人、受損害人及主辦工程機關各執一份,並應分送主辦工程機關的上級主管機關及有關機關備查。

註:黃宗文著:公共工程履約管理100問,頁139,2018年7月初版1刷,元照出版有限公司出版。

# 廠商承包公共工程對驗收應有的認識

**Q**

政府對於公共工程的驗收,有何相關規定?承包商對於公共工程的驗收應注意哪些規定?

**A**

我國自民國88年5月27日起施行的《政府採購法》於下述規定予以規範驗收:

一、《政府採購法》第71條規定:「機關辦理工程、財物採購,應限期辦理驗收,並得辦理部分驗收。驗收時應由機關首長或其授權人員指派適當人員主驗,通知接管單位或使用單位會驗。……」。

二、《政府採購法》第72條規定:「Ⅰ.機關辦理驗收時應製作紀錄,由參加人員會同簽認。驗收結果與契約、圖說、貨樣規定不符者,應通知廠商限期改善、拆除、重作、退貨或換貨。其驗收結果不符部分非屬重要,而其他部分能先行使用,並經機關檢討認為確有先行使用之必要者,得經機關首長或其授權人員

核准，就其他部分辦理驗收並支付部分價金。Ⅱ.驗收結果與規定不符，而不妨礙安全及使用需求，亦無減少通常效用或契約預定效用，經機關檢討不必拆換或拆換確有困難者，得於必要時減價收受。其在查核金額以上之採購，應先報經上級機關核准；未達查核金額之採購，應經機關首長或其授權人員核准。Ⅲ.驗收人對工程、財物隱蔽部分，於必要時得拆驗或化驗。」。

三、《政府採購法》第73條第1項規定：「工程、財物採購經驗收完畢後，應由驗收及監驗人員於結算驗收證明書上分別簽認。」。

四、又《政府採購法施行細則》第92條第1項規定，廠商應於工程預定「竣工日」前或竣工當日，將竣工日期「書面」通知監造單位及機關。除契約另有規定者外，機關應於收到該「書面」通知之日起「七日」內會同監造單位及廠商，依據「契約」、「圖說」或「貨樣」核對竣工之項目及數量，確定是否「竣工」；廠商未依機關通知派代表參加者，仍得予確定。

一旦確定工程竣工後，除「契約」另有規定者外，監造單位應於竣工後「七日」內，將竣工圖表、工程結算明細表及契約規定之其他資料，送請機關「審核」。有「初驗程序」者，機關應於收受全部資料之日起「三十日」內辦理「初驗」，並作成「初驗紀錄」（《政府採購法施行細則》第92條第2項）。

五、由前述說明可知工程驗收相當重要，依《政府採購法施

行細則》第91條，驗收主要是抽查驗核廠商之履約結果有無與契約、圖說或貨樣規定不符，並會同決定不符時之處置（註）。

六、至於驗收依《政府採購法施行細則》第96條應作成「驗收紀錄」，驗收紀錄應記載下列事項：

㈠有案號者，其案號。

㈡驗收標的之名稱及數量。

㈢廠商名稱。

㈣履約期限。

㈤完成履約日期。

㈥驗收日期。

㈦驗收結果。

㈧驗收結果與契約、圖說、貨樣規定不符者，其情形。

㈨其他必要事項。

註：王國武著：政府採購契約之管理與爭議研析，頁289～297，2024年4月一版一刷，新學林出版公司出版。

# 廠商承包公有建築物工程對驗收應有的認識

**Q** 承包公有建築物的工程，在「驗收方面」，廠商應有哪些認識？

**A** 關於工程「驗收」，其乃指定作人對於承攬廠商於履約程度的檢查、檢驗及查驗後的處理；所以其包含有「檢驗」與「接收」的兩方面意義。

依規定，各機關的營繕工程之驗收，原則上主辦機關應製作「紀錄」，於驗收完畢時，並應填具「結算驗收證明書」；而且承辦營繕工程採購的人員不得為所辦採購之主驗人或樣品及材料之檢驗人。

公有建築物的承包商於「驗收」時，除應注意前述規定外，還須依下述規定辦理：

一、主驗人員於驗收時，應以合約及竣工圖說為依據，在時間、環境及能力範圍內，抽核數據，檢驗其品質或性能，就工程

露出面儘量抽測其尺寸、位置、高程,並參考工程驗收項目表。抽驗項目原則如下:

㈠建築類:

1.建築物外圍長、寬、高及各主要結構之尺寸、基地地面的高程、各樓層高度及總高度。

2.建築物內外環境的整理。

3.建築物內部、門窗、廚櫃、盥洗設備、機電房、地坪、樓梯間、管道間、天花板、屋頂等各項設施及內外裝修的尺寸與規格。

㈡設備類:

1.設備:一般設備,包含發電機、變壓器、斷路器、電力容電器、配電盤、蓄電池、電動機、升降機、火警受信總機、鍋爐、泵、空壓機、冰水主機、空調箱、冷卻塔、熱交換器、送風機、電話交換機、播音機等,均應合乎設計或審定規範,並按製造廠的安裝說明書及有關規定組合安裝。

2.管線及衛生消防器具:管路電線及一般器具,包含出線匣、燈具、安定器、燈泡、插座、開關箱、無熔絲開關、壁開關、電磁開關、線路、浴缸、馬桶、面盆、清潔口、地板落水、消防送水口、灑水頭、水栓消防箱、水龍頭、火警感知器、消防廣播系統、喇叭及其他等,均應合乎設計規格與尺寸,並遵照有關法規章則施工說明書設計詳圖施工。

㈢其他合約另有約定者依其約定。

二、驗收消防設備時,主驗人員得視需要,要求檢查符合國家標準的證明或中央消防主管機關審核認可的文件。

第七篇

Chapter 7

爭議處理

# 已發還投標廠商的保證金，有遭採購機關再追繳的可能嗎？

**Q**

甲機關為「○○工區配電外線工程帶料發包」的採購案進行招標，乙廠商為投標廠商之一，依規定繳交新台幣（下同）六百萬元的押標金，嗣後未得標，獲發還押標金。然甲機關發現乙廠商涉嫌違反《政府採購法》第87條第4項（註1）的犯罪，而遭檢察官提起公訴，並由地方法院判刑，甲機關乃迅即發出要求乙廠商將押標金六百萬元繳還。乙廠商於法律上該如何面對？

**A**

我國《政府採購法》規定投標廠商要繳交「押標金」，此乃投標廠商為擔保其踐行時願遵守投標須知而向招標機關所繳交的「保證金」，旨在督促投標廠商於得標後，必然履行契約，兼有防範廠商圍標等作用。所以《政府採購法》於第31條第2項規定，機關得於「招標文件」中規定，廠商有下列情形之一者，其所繳納的「押標金」不予發還，其已發還者，並予追繳：

一、以偽造、變造的文件投標。

二、投標廠商另行借用他人名義或證件投標。

三、冒用他人名義或證件投標。

四、在報價有效期間內撤回其報價。

五、開標後應得標者不接受決標或拒不簽約。

六、得標後未於規定期限內，繳足保證金或提供擔保。

七、押標金轉換為保證金。

八、其他經主管機關認定有影響採購公正的違反法令行為者。

就本案例而言，乙廠商被認為涉有《政府採購法》第87條第4項之罪，即「意圖影響決標價格或獲取不當利益，而以契約、協議或其他方式之合意，使廠商不為投標或不為價格之競爭者，處六月以上五年以下有期徒刑，得併科新台幣一百萬元以下罰金」，且已經地方法院判決有罪，此一行為得否認係「其他經主管機關認定有影響採購公正之違反法令行為者」？依行政院公共工程委員會89年1月19日（89）工程企字第89000318號函認為：「如貴會發現該三家廠商有本法第48條第1項第2款或第50條第1項第3款至第5款情形之一，或其人員涉有犯本法第87條之罪者，茲以本法第31條第2項第8款規定，認定該廠商有影響採購公正之違反法令行為，其押標金亦應不發還或追繳」（註2）；所以甲機關會對乙廠商發函要求繳回押標金，乃是於法有據。

如廠商對於甲機關的處置不服，可以依法提出「異議」；倘

不服異議結果,可再依法提出「申訴」,而申訴應具「申訴書」,載明《政府採購法》第77條第1項各款所列的事項,並簽名或蓋章。

註1:《政府採購法》第87條第4項規定:「意圖影響決標價格或獲取不當利益,而以契約、協議或其他方式之合意,使廠商不為投標或不為價格之競爭者,處六月以上五年以下有期徒刑,得併科新台幣一百萬元以下罰金」。依同法條第6項,「未遂犯」也處罰。又廠商的代表人、代理人、受雇人或其他從業人員,因執行業務犯該條之罪者,除依該條規定處罰其行為人外,對該廠商也科以該條的罰金(參見《政府採購法》第92條)。

註2:行政院公共工程委員會編印:政府採購暨促參申訴案例彙編(五),頁7,民國97年5月初版,行政院公共工程委員會發行。

# 投標或得標廠商如何才能免於遭到「不良廠商停權」處分？

**Q**

甲公司參加政府機關的採購案，甲公司打算投標，其友人提醒須注意不要被採購機關認定為「不良廠商」，而遭刊登於「政府採購公報」。甲公司想了解究竟何種情形會遭到「不良廠商停權」處分？

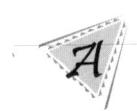

**A**

我國《政府採購法》第101條第1項規定，機關辦理採購，發現廠商有下列情形之一，應將其事實及理由通知廠商，並附記如未提出「異議」者，將刊登「政府採購公報」：

一、容許他人借用本人名義或證件參加投標者。
二、借用或冒用他人名義或證件投標者。
三、擅自減省工料，情節重大者。
四、以虛偽不實之文件投標、訂約或履約，情節重大者。
五、受停業處分期間仍參加投標者。
六、犯第87條至第92條之罪，經第一審為有罪判決者。

七、得標後無正當理由而不訂約者。

八、查驗或驗收不合格，情節重大者。

九、驗收後不履行保固責任，情節重大者。

十、因可歸責於廠商之事由，致延誤履約期限，情節重大者。

十一、違反《政府採購法》第65條規定（註2）轉包者。

十二、因可歸責於廠商之事由，致解除或終止契約，情節重大者。

十三、破產程序中之廠商。

十四、歧視性別、原住民、身心障礙或弱勢團體人士，情節重大者。

十五、對採購有關人員行求、期約或交付不正利益者。

因而投標或得標廠商須注意參與政府採購的過程中，不得有上述行為。又上述規定必須嚴謹解釋，採購機關不得恣意為之。實務上，也有相當多案例是廠商遭採購機關認定有《政府採購法》第101條第1項各款事由之一，廠商不服提出「異議」，進而於「申訴」程序才獲得救濟者。

現舉下列案例俾供參酌：

**案例**：A廠商參與招○○會所辦理之「興建水電及空調工程」採購案，招標機關○○會發現A廠商交付的緊急發電機上的序號與相關證明文件不符，故認定A廠商有《政府採購法》第101

條第1項第4款「偽造、變造投標、契約或履約相關文件」之情事（註3），於是通知A廠商擬將其刊登「政府採購公報」。A廠商不服，提出「異議」，但異議遭招標機關○○會駁回，A廠商乃進而提出「申訴」，終獲得救濟，「原異議處理結果撤銷」。

A廠商之所以能獲得平反，乃因為A廠商並不是機電專門廠商，而機電專門的第三人及其所聘僱的消防技師涉有不法，就A廠商而言，查證尚屬不易，如果沒有「直接證據」足資證明A廠商有明知系爭引擎號碼不相符情事，不得逕依《政府採購法》第101條第1項第4款的規定加以適用（註4）。

由以上兩個案例，可知廠商如不幸遭到採購機關認定有《政府採購法》第101條第1項各款事由，並將刊登「政府採購公報」，應立即檢具相關事證，剖析相關事由的法律要件，依法救濟，據理力爭。

註1：《政府採購法》第87條至第92條係規定：圍標罪、綁標罪、洩密罪、強制罪、強制洩密罪等。

註2：《政府採購法》第65條第1項規定，得標廠商應自行履行工程、勞務契約，不得轉包。

註3：《政府採購法》第101條第1項第4款條文已修正為「以虛偽不實之文件投標、訂約或履約，情節重大者」。

註4：參見行政院公共工程委員會編印：政府採購申訴案例彙編(四)，頁437，民國96年4月四版，行政院公共工程委員會發行。

# 被採購機關認係「不良廠商」的廠商，要如何救濟？

**Q**

我國《政府採購法》中設有「不良廠商」的制度，廠商如遭採購機關認係不良廠商時，該如何救濟？

**A**

我國《政府採購法》中所設的不良廠商制度，係規定機關發現廠商違法、違約行為時，得經一定的處理程序將之公告為「不良廠商」，以免該廠商再危害其他機關，並藉以建立廠商間的良性競爭環境（註1）。

政府機關處理不良廠商，依《政府採購法》第101條第1項規定，須發現廠商有該項十五款情事之任一者（註2），進而將其事實及理由「通知」廠商，並附記如未提出異議者，將刊登政府採購公報。又廠商之履約連帶保證廠商經機關通知履行連帶保證責任者，也適用《政府採購法》第101條第1項規定（參見《政府採購法》第101條第2項）。此一通知具有「行政處分」的性質，其為「侵益處分」或「不利益處分」（註3）。

廠商面對此一情事，如有不服，其救濟方式為：得於接獲通知之次日起「二十日」內，以「書面」向該採購機關提出「異議」（參見《政府採購法》第102條第1項）。

廠商對採購機關所做出異議的處理結果不服時，廠商尚可於收受異議處理結果之次日起「十五日」內，以「書面」向該管「採購申訴審議委員會」提出「申訴」（參見《政府採購法》第102條第2項）。

註1：參見林鴻銘著：政府採購法之實用權益，頁260，民國92年4月五版，永然文化出版公司出版。
註2：《政府採購法》第101條第1項所列的十五款事由，包括：
　　一、容許他人借用本人名義或證件參加投標者。
　　二、借用或冒用他人名義或證件投標者。
　　三、擅自減省工料，情節重大者。
　　四、以虛偽不實之文件投標、訂約或履約，情節重大者。
　　五、受停業處分期間仍參加投標者。
　　六、犯第八十七條至第九十二條之罪，經第一審為有罪判決者。
　　七、得標後無正當理由而不訂約者。
　　八、查驗或驗收不合格，情節重大者。
　　九、驗收後不履行保固責任，情節重大者。
　　十、因可歸責於廠商之事由，致延誤履約期限，情節重大者。
　　十一、違反第六十五條規定轉包者。
　　十二、因可歸責於廠商之事由，致解除或終止契約，情節重大者。

十三、破產程序中之廠商。

十四、歧視性別、原住民、身心障礙或弱勢團體人士,情節重大者。

十五、對採購有關人員行求、期約或交付不正利益者。

註3:參見唐國盛律師著:政府採購法律應用篇,頁487,民國92年4月五版,永然文化出版公司出版。

# 廠商遭招標機關解除契約，尚須注意被列為不良廠商！

**Q**

甲機關有一修建工程的採購案，採用「最低價」決標，乙廠商參加投標，因最低價而得標。甲機關公告決標結果，乙廠商將用印完畢之工程契約檢送甲機關，甲機關也已用印；嗣後乙廠商卻以工程招標內容錯誤為由，發函向甲機關要求撤銷決標，甲機關催促乙廠商履約，乙廠商仍抗拒，甲機關不得已解除該契約，試問乙廠商有無責任？

**A**

廠商參與投標，務必先詳讀所有文件、圖說……等，明確計算投標成本後，再進行投標。然實務上卻有廠商並未事先計算清楚成本，投標而得標後，竟然反悔，本案例即屬此種情形。廠商如拒不履約，恐遭招標機關依《政府採購法》第101條第1項第12款的規定：「因可歸責於廠商之事由，致解除或終止契約，情節重大者」（註1），列入「不良廠商」。

適用本款的規定，必須招標機關與得標廠商間的契約已成立

生效；而投標時，契約於何時成立？何時生效？此由行政院公共工程委員會訴字第0950045號申訴案的審議意見即可明白：「『按公開招標，若採取「最低標」或「最高標」之方式決標者，招標單位所為之意思表示應屬「要約」，投標者所為最低標或最高標之表示即係「承諾」，於決標時意思表示合致，契約因而成立。』最高法院90年度台上字第1262號判決可資參照。另參見最高行政法院93年2月份庭長法官聯席會議，亦曾就契約生效日期之認定有以下討論：『……參見行政院公共工程委員會88年5月15日（88）工程企字第8805761號函：「……二、契約生效日期之認定，宜視個案性質依下列原則認定之：㈠招標文件或契約明訂契約需經雙方簽署方為有效者，以契約經當事人雙方完成簽署之日為生效日。至簽約日期，除招標文件或契約另有規定者外，指當事人雙方共同完成簽署之日；雙方非同一日簽署者，以在後者為準。㈡招標文件或契約未明定前揭契約生效需經雙方簽署方為有效者，可考慮以決標日為生效日。」……』」（註2）。

　　所以，依上述見解，本案例甲機關、乙廠商間的契約業已成立，雙方用印完畢，該契約即已生效，如乙廠商欲撤銷已成立生效的契約，必須具有「撤銷」的法定事由，如意思表示「錯誤」（《民法》第88條）或被「詐欺」、「脅迫」（《民法》第92條）……等，始生撤銷的效力。

註1：契約「解除」，乃當事人一方行使「解除權」，使契約效力自始歸於消滅之意思表示。契約「終止」，乃當事人本於「終止權」，使現存之契約關係向將來消滅之一方的意思表示。參見劉春堂著：民法債編通則㈠契約法總論，頁377、頁400，民國90年9月初版第一刷，自刊本。

註2：參見行政院公共工程委員會編印：政府採購暨促參申訴案例彙編㈤，頁190，民國97年5月初版。

第七篇　爭議處理

# 投標廠商的投標文件在何種情形下，將被認係具有重大異常關聯？

**Q**

　　甲水電工程行與乙水電工程行均參與丙機關的「水管線改善工程採購案」的投標，甲水電工程行標封內所繳附之押標金○○銀行支票與乙水電工程行支票「連號」；又甲水電工程行負責人A與乙水電工程行負責人B二人為父女關係。丙機關發現上述情形，依法可能會如何處理？

**A**

　　按《政府採購法》第50條第1項規定，投標廠商有下列情形之一，經機關於「開標」前發現者，其所投之標不予開標；於「開標」後發現者，應不決標予該廠商：
　　一、未依招標文件之規定投標。
　　二、投標文件內容不符合招標文件之規定。
　　三、借用或冒用他人名義或證件投標。
　　四、以不實之文件投標。
　　五、不同投標廠商間之投標文件內容有重大異常關聯。

六、《政府採購法》第103條第1項不得參加投標或作為決標對象之情形。

七、其他影響採購公正之違反法令行為。

廠商於參與投標，切勿發生上述情事；而上述情事中之「不同投標廠商間的投標文件內容有重大異常關聯」，究竟指何種情形，廠商亦應注意。依行政院公共工程委員會91年11月27日工程企字第09100516820號令認為：機關辦理採購有下列情形之一者，得依「不同投標廠商間的投標文件內容有重大關聯」的規定處理：

一、投標文件內容由同一人或同一廠商繕寫或備具者。

二、押標金由同一人或同一廠商繳納或申請退還者。

三、投標標封或通知機關信函號碼連號，顯係同一人或同一廠商所為者。

四、廠商地址、電話號碼、傳真號碼、聯絡人或電子郵件網址相同者。

五、其他顯係同一人或同一廠商所為的情形（註1）。

又機關於認定「不同投標廠商間之投標文件內容有重大異常關聯」，上述令釋只是例示，且不具強制性，機關仍得依客觀情事斟酌判斷；倘非屬上示令釋所例示的情事，機關如有相當事證，也可自行認定（註2）。

就以本案例而言，甲水電工程行與乙水電工程行之投標所附

的押標金支票「連號」，且負責人具有「父女關係」，極有可能被採購機關認定有「不同投標廠商間之投標文件內容有重大異常關聯之情事」。

而廠商一旦遭機關為上述認定，一來其所投之標，機關依法應不予開標，如於開標後發現，也應不決標予該廠商；二來其所繳納的押標金，恐遭機關依《政府採購法》第31條第2項第7款「其他經主管機關認定有影響採購公正之違反法令行為者」的規定，不予發還（註3）。

註1：參見行政院公共工程委員會編印：政府採購申訴案例彙編㈣，頁100，民國96年4月四版，行政院公共工程委員會發行。
註2：行政院公共工程採購申訴審議訴字第0940183號判斷。
註3：《政府採購法》第31條第2項第7款規定：「廠商有下列情形之一者，其所繳納之押標金，不予發還；其未依招標文件規定繳納或已發還者，並予追繳：……七、其他經主管機關認定有影響採購公正之違反法令行為。」

# 廠商不得容許他人借用自己之名義或證件參加投標

**Q**

廠商甲想參與A機關採購的投標,於是商請其好友將其所開設之乙公司的名義及證件借予廠商甲,供廠商甲投標。乙公司想了解:如同意配合,會有何法律後果?

**A**

在採購實務中,借用他人名義或證件的投標案件時有所聞,這種行為為現行法律所不容許,朋友幫忙宜有限度,像這種行為要幫,是有風險的。

就以本案例而言,廠商甲借用乙公司之名義及證件參與投標,如機關於開標前發現,則所投之標依《政府採購法》第50條第1項第3款「借用或冒用他人名義或證件投標」之規定,應不予開標;倘於開標後發現,也不得決標予該廠商,所以對借用之廠商不利。

而被借用之乙公司也有不利,因為《政府採購法》第101條第1項第1款規定,機關辦理採購,發現廠商容許他人借用本人名

第七篇　爭議處理

義或證件參加投標，則被借用之乙公司將遭到停權公告。

　　上述停權公告是我國《政府採購法》所建立的「不良廠商制度」，規定採購機關發現廠商違法、違約行為時，得經一定之處理程序將之公告為「不良廠商」，以免該廠商再危害其他機關，並藉以建立廠商間的良性競爭環境（註1）。

　　我國《政府採購法》第101條第1項所列可以構成「不良廠商」的事由計有十五款，而與本案例有關的是第1款，即「容許他人借用本人名義或證件參加投標」；廠商是否有前述情事存在，招標機關負有「舉證責任」。蓋《政府採購法》第101條第1項之「停權處分」，乃行政處罰，且影響人民的「財產權」與「生存權」，故投標廠商有無該條項各款所定的情事，自應由「招標機關」負「舉證責任」，招標機關應查證各項事實，並有足夠「積極證據」，始得認定（註2）。

　　廠商參與投標，倘遭採購機關認定有上述情事，而廠商認為冤枉時，應先行「異議」，如「異議」遭駁回，再依法「申訴」，進行法律救濟，俾保自身權益！


註1：參見林鴻銘著：政府採購法之實用權益，頁287，民國97年10月九版，永然文化出版公司出版。
註2：參見行政院公共工程委員會編印：政府採購申訴案例彙編㈣，頁514，民國96年4月四版，行政院公共工程委員會發行。

# 廠商借用他人名義或證件投標,法律後果嚴重!

**Q**

甲機關有一資訊系統主機購置案,採用最有利標的方式招標,乙廠商有意投標,並借用丙廠商的名義及證件以「陪標」的方式參與投標,乙廠商因而得標,並與甲機關簽約。甲機關嗣後發現代理乙廠商出席開標會議的A與代理丙廠商出席開標會議的B,二人的投標單位均為「乙廠商」,即同一公司,甲機關認為乙廠商借用丙廠商的名義及證件參與投標,乙廠商會有何法律後果?

**A**

參與投標的廠商不得有《政府採購法》第50條第1項的行為。該條文規定,投標廠商有下列情形之一,經機關於開標前發現者,其所投之標應不予開標;於開標後發現者,應不決標予該廠商:

一、未依招標文件之規定投標。
二、投標文件內容不符合招標文件之規定。

三、借用或冒用他人名義或證件投標。

四、以不實之文件投標。

五、不同投標廠商間之投標文件內容有「重大異常關聯」。

六、《政府採購法》第103第1項不得參加投標或作為決標對象之情形。

七、其他影響採購公正之違反法令行為。

就以本案例而言，甲機關發現分別代理乙、丙廠商出席開標會議之代理人A、B，二人之勞保的投保單位都是「乙廠商」，於是認定乙廠商借用丙廠商名義及證件，丙廠商顯係「陪標」，於是適用《政府採購法》第50條第1項第3款的規定及同條第2項的規定撤銷決標。

按《政府採購法》第50條第1項第3款「借用他人名義或證件投標」，係指被借用名義或證件的廠商無投標的意思，而「明示」或「默示」同意他人使用其名義或證件參加投標，但不為價格的競爭，以達借用之廠商或其他特定廠商得標的目的（註）。

依上所述，本案自可適用《政府採購法》第50條第1項第3款及第2項的規定，將決標撤銷，甚至「終止」或「解除」雙方已簽訂的採購契約。

又，廠商尚須注意採購機關還會將此事實刊登「政府採購公報」；因依《政府採購法》第101條第1項第2款規定，機關辦理採購，發現廠商「借用或冒用他人名義或證件參加投標」，應將

其事實及理由通知廠商,並附記如未提出「異議」者,將刊登「政府採購公報」。

　　參與投標務必遵守規定,方可免於招來法律麻煩!

註:參見行政院公共工程委員會編印:政府採購申訴案例彙編㈣,頁439,民國96年4月四版,行政院公共工程委員會發行。

# 工程爭議可循哪些法律途徑解決？

**Q**

發生工程合約爭議，可透過哪些法律途徑解決？各有什麼特色？

**A**

發生工程爭議，一般會透過「民事訴訟」的途徑解決，此時應適用《民事訴訟法》的規定，民事訴訟程序原則上為「三級三審」（註1），較為曠日費時。

其次是透過「仲裁」的程序，我國原有《商務仲裁條例》，業務由「中華民國商務仲裁協會」承辦，然《商務仲裁條例》業已改為《仲裁法》，中華民國商務仲裁協會也更名為「中華民國仲裁協會」，當事人間如發生工程合約爭議，雙方如有「仲裁協議」，即可請求仲裁機構（註2）仲裁，一旦作成「仲裁判斷」，一審即定讞，這也是仲裁的特色。又國內仲裁機關除前述的仲裁協會外，尚有「中華工程仲裁協會」及「台灣仲裁協會」（註3）、「中華不動產仲裁協會」。

再者，《政府採購法》對於政府機關與廠商間關於「招標」

、「審標」、「決標」的爭議，則另提供「異議」及「申訴」的救濟途徑。

就以「異議」程序而言，廠商如對於機關辦理採購，認為違反法令或我國所締結的條約、協定，致損害其權利或利益者，可以於「法定期限」（註4）內，以「書面」向招標機關提出異議（參見《政府採購法》第75條）。

又如廠商對於「公告金額以上採購」異議的處理結果不服，或招標機關逾《政府採購法》第75條第2項所定期限不為處理者，得於收受「異議處理結果」或期限屆滿之次日起十五日內，依其屬中央機關或地方機關辦理的採購，以「書面」分別向主管機關、直轄市或縣（市）政府所設之採購申訴審議委員會申訴。地方政府未設採購申訴審議委員會者，得委請中央主管機關處理。

另外，廠商如與機關因履約爭議未能達成協議，可以依下列方式之一處理：一、向採購申訴審議委員會申請調解；二、向仲裁機構提付仲裁（參見《政府採購法》第85條之1第1項）。又如果廠商申請調解，機關不得拒絕，且工程採購經採購申訴審議委員會提出調解方案，因機關不同意致調解不成立者，廠商可進一步提付仲裁，機關不得拒絕。

註1：民事訴訟如係「小額訴訟」或「簡易訴訟」，則不適用「三級三審」原則。

註2：《仲裁法》第1條第3項規定：仲裁協議應以「書面」為之。

註3：台灣仲裁協會原名為「台灣營建仲裁協會」，於民國107年9月21日更名。

註4：一、對招標文件規定提出異議者，為自公告或邀標之次日起等標期之四分之一，其尾數不足一日者，以一日計；但不得少於「十日」。

二、對招標文件規定的釋疑、後續說明、變更或補充提出異議者，為接獲機關通知或機關公告之次日起「十日」。

三、對採購的過程、結果提出異議者，為接獲機關通知或機關公告之次日起「十日」；其過程或結果未經通知或公告者，為知悉或可得而知悉之次日起「十日」；但至遲不逾決標日之次日起「十五日」。

# 廠商如何運用「調解」解決履約爭議？

**Q**

我國《政府採購法》中規定，廠商與採購機關發生履約爭議，可以申請「調解」，廠商運用「調解」有何好處？又運用「調解」時，應注意哪些法律問題？

**A**

我國《政府採購法》第85條之1第1項第1款規定：「機關與廠商因履約爭議未能達成協議者，得以下列方式之一處理：一、向採購申訴審議委員會申請調解。……」廠商務必要多運用調解，因為廠商如提出調解申請，機關不得拒絕（參見《政府採購法》第85條之1第2項）；而且受理調解的「採購申訴審議委員會」，於當事人不能合意但已甚接近時，可以斟酌一切情形，並徵詢「調解委員」的意見，求兩造利益的平衡，於不違反兩造當事人的主要意思範圍內，以「職權」提出「調解方案」（參見《政府採購法》第85條之4第1項）。

辦理採購的機關面對廠商的履約，必定是依法及依約行事，

而有些廠商面對一些難處，不履約恐遭列入「不良廠商」，履約則又有其窒礙難行之處，「調解」這時候即可派上用場。以下舉一實例說明之：

**案例**：廠商履約已將機關採購的產品第一批完成交貨；嗣後完成第二批時，通知採購機關驗收，機關卻以顏色未符驗收標準而退貨，並以廠商未依合約規定期限調換合格品及不依期限履約交貨，發函解除合約並沒收保證金，進而依《政府採購法》第101條第1項第12款：「因可歸於廠商之事由，致解除……、契約者」的規定，將該事實及理由通知廠商，欲將其列為「不良廠商」。

廠商於是以「履約爭議」為由，申請調解，「採購申訴審議委員會」就該案件建議雙方部分解除契約，並為廠商及機關雙方同意而成立調解。

在此情形之下，機關能否再以上述《政府採購法》第101條第1項第12款為由，將廠商列為「不良廠商」呢？因調解而成立的契約解除，係基於雙方合意為之，所以不該當於《政府採購法》第101條第1項第12款的規定；亦即招標機關不能認為契約的解除係可歸責於廠商（註）。

由以上案例，可知運用「調解」具有好處，而在運用調解時，仍應注意以下五點：

一、申請調解，應繳納「調解費」、「鑑定費」及其他必要

之費用（參見《政府採購法》第85條之2第1項前段）。

二、調解經當事人「合意」而成立；當事人不能合意者，調解不成立（參見《政府採購法》第85條之3第1項）。

三、申請調解應提出「申請書」，申請書應載明下列事項：㈠申請人的姓名、出生年月日、電話及住、居所。如係法人或其他設有管理人或代表人的團體，其名稱、事務所或營業人及管理人或代表人之姓名、出生年月日、電話、住居所；㈡有代理人者，其姓名、出生年月日、電話及住、居所；㈢他造當事人的名稱；㈣請求調解的事項、調解標的之法律關係、爭議情形及證據；㈤附屬文件及其件數；㈥年、月、日（參見《採購履約爭議調解規則》第6條第1項）。

四、調解以「不公開」為原則。

五、就調解事件有法律上利害關係之「第三人」，調解委員得依「職權」審酌通知其參加調解程序。

註：參見行政院公共工程委員會編印：政府採購申訴案例彙編㈣，頁463～472，民國96年4月四版，行政院公共工程委員會發行。

編註：以下附表資料參考自行政院公共工程委員會網站：https://www.pcc.gov.tw/cp.aspx?n=BDE9F2483D680794。

第七篇　爭議處理

## ● 行政院公共工程委員會採購申訴審議委員會調解案件辦理流程

說明：
一、按《採購履約爭議調解規則》第20條第1項規定，調解事件應自收受調解申請書之次日起4個月內完成調解程序。但經雙方同意延長者，得延長之。
二、其調解時間之起算情形有三：
　　1.申請人書面申請且繳調解費，不須再補正文件者，自申請次日起算。
　　2.申請人未繳費或申請書尚未補正者，自補繳及補正之次日起算。
　　3.調解期間，當事人續以書面補具理由或擴張請求並補繳調解費者，自最後收受理由書之次日起算。

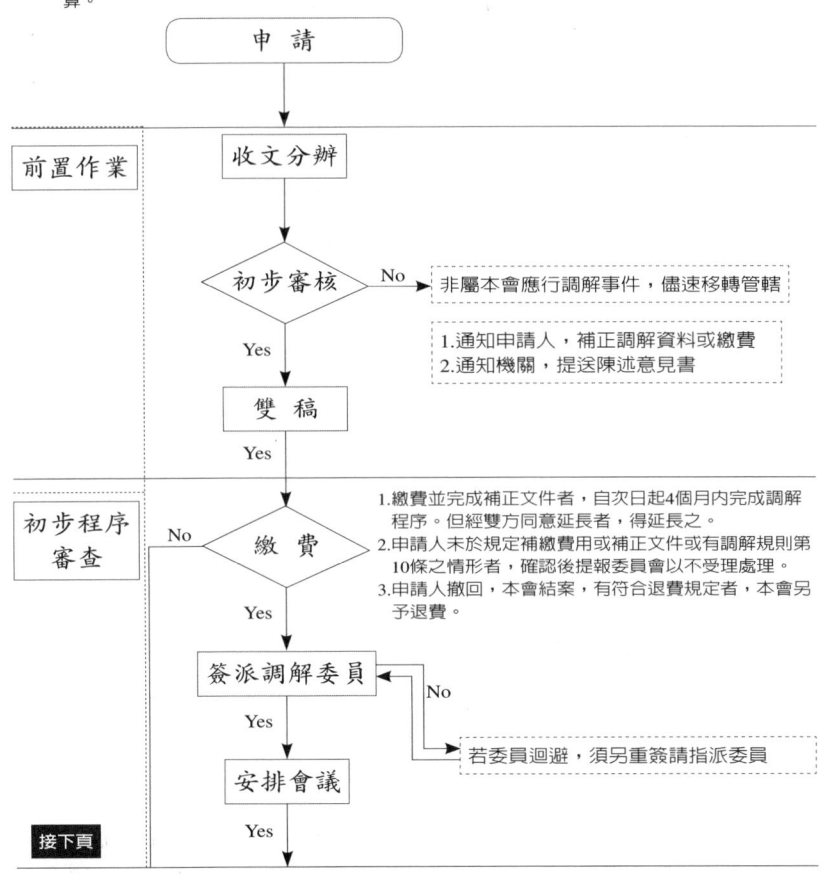

**前置作業**

申請 → 收文分辦 → 初步審核
- No：非屬本會應行調解事件，儘速移轉管轄
- Yes：
  1. 通知申請人，補正調解資料或繳費
  2. 通知機關，提送陳述意見書

→ 雙稿 → Yes

**初步程序審查**

繳費
- No
- Yes：
  1. 繳費並完成補正文件者，自次日起4個月內完成調解程序。但經雙方同意延長者，得延長之。
  2. 申請人未於規定補繳費用或補正文件或有調解規則第10條之情形者，確認後提報委員會以不受理處理。
  3. 申請人撤回，本會結案，有符合退費規定者，本會另予退費。

→ 簽派調解委員
- No：若委員迴避，須另重簽請指派委員
- Yes

→ 安排會議 → Yes

接下頁

## 流程圖：調解程序

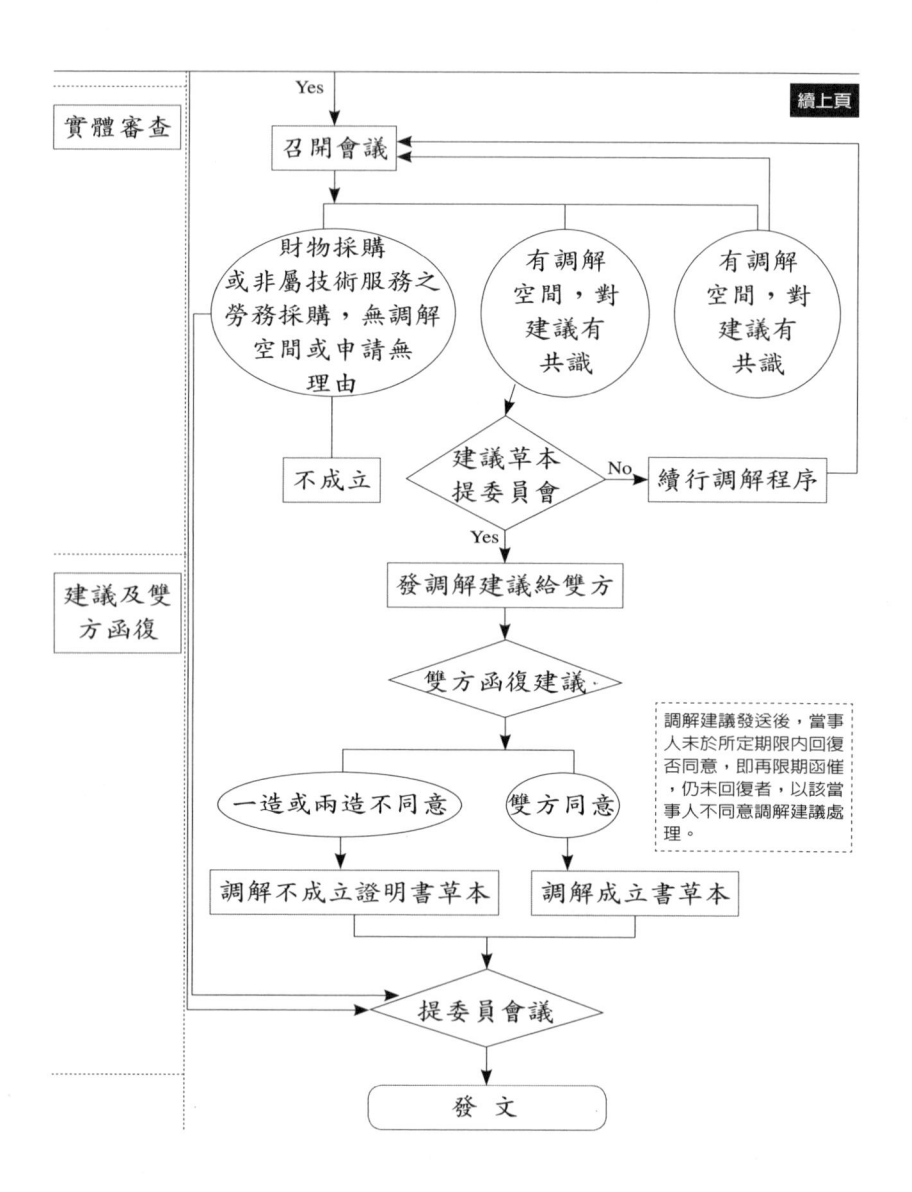

**實體審查**

召開會議（Yes，續上頁）

- 財物採購或非屬技術服務之勞務採購，無調解空間或申請無理由 → 不成立
- 有調解空間，對建議有共識
- 有調解空間，對建議有共識

建議草本提委員會
- No → 續行調解程序
- Yes ↓

**建議及雙方函復**

發調解建議給雙方
↓
雙方函復建議

- 一造或兩造不同意 → 調解不成立證明書草本
- 雙方同意 → 調解成立書草本

※ 調解建議發送後，當事人未於所定期限內回復否同意，即再限期函催，仍未回復者，以該當事人不同意調解建議處理。

↓
提委員會議
↓
發文

## ● 調解申請書

履約爭議調解申請書

標的名稱： （採購編號：000）

| 稱謂 | 名稱或姓名 | 性別 | 出生年月日 | 電話 | 地址、住所或居所 |

申請人

負責人或代表人

代理人

他造當事人　　（招標機關代碼：000）

代表人

代理人

為「　　　　　　　　　」案（事）件，因協議不成，爰依規定申請調解事：

請求（調解標的）

事實（爭議情形）

理由（法律關係）

證據名稱及件數
（請提具與本案相關之文書、契約、申請人商工登記之證明文件等資料）


證人姓名及住所

　　綜上所陳，敬請
行政院公共工程委員會
○○（直轄）市政府　　　採購申訴審議委員會公鑒
○○縣（市）政府
＊以上直轄市、縣（市）政府全銜請自行更改、選用


申　　請　　人　　　　　簽章
負責人或代表人　　　　　簽章
代　　理　　人　　　　　簽章

中　華　民　國　　　年　　　月　　　日

## ● 調解陳述意見書

陳述意見書

標的名稱：　　　　　　　　（採購編號：0000）

　　稱謂　　名稱或姓名　性別　出生年月日　電話　地址、住所或居所

　　他造當事人　　　（招標機關代碼：000）

代　　表　　人
代　　理　　人
申　　請　　人
負責人或代表人
代　　理　　人

　　為「　　　　　　　　　」案（事）件，因協議不成，爰依規定陳述意見事：

事實及理由之陳述意見（得依實際需要分「事實」與「理由」欄敘述，亦得不分欄位敘述，採條列式）

證據名稱及件數

　　　綜上所陳，敬請
主管機關
行政院公共工程委員會
○○（直轄）市政府　採購申訴審議委員會公鑒
○○縣（市）政府
＊以上直轄市、縣（市）政府全銜請自行更改、選用

他造當事人　　　　　簽章
代　表　人　　　　　簽章
（代理人）　　　　　簽章
中　　華　　民　　國　　　年　　　月　　　日

## ● 履約爭議調解申請書參考範例

（工程採購，本申請書僅供格式參考）

標的名稱：○○○○○工程（採購編號：0000）

申請人○○○○○○○

負責人或代表人　　○○○

代理人○○○

他造當事人　○○市政府○○局

代表人○○○

代理人○○○


為「○○○○○○○○工程（註：同工程契約名稱）」因協議不成，爰依規定申請調解事：

請　　求

一、他造當事人應給付申請人工程款新臺幣（下同）○○萬○,○○○元暨自○○年○月○日起（或調解申請書送達他造當事人起）至清償之日止按年息百分之五計算利息。

二、調解費由他造當事人負擔

事實及爭議之情形

一、緣○○○○○○○○○○工程（下稱本工程）他造當事人為○○市政府○○局，於○○年○○月○○日公開開標，○○年○○月○○日訂立本工程契約（證一）。

二、本工程開工後,申請人發現標單所附工程估價單工程項目:第20項「○○○○機」所列單位為1組,單價為10萬元,複價亦同為10萬元(證二),但「施工規範第5章」○○○○機之數量卻為2組(證三)。申請人就契約與施工規範不符乙節,函請他造當事人釋示究依契約以1組安裝或2組一併安裝?(證四)他造當事人乃於○○年○○月○○日召開會議協商,其案由二:「○○○○機契約僅1組與施工圖示不符案。」說明:「依○○年○○月編第2次修正工程預算書,第6頁第20項其單價10萬元、複價為20萬元,數量2組,誤打為1組,附原件影本,建請准予更正為2組。」(證五)

三、申請人因遲未接獲他造當事人指示是否改按2組安裝系爭○○○○○機,故僅安裝乙組,並請依契約約定給付乙組○○○○機之價金,案經他造當事人函復不予給付(證六),申請人乃檢具理由申請給付該工程費(證七),他造當事人仍不給付(證八)。申請人再函請給付(證九),嗣他造當事人○○年○○月○○日會議結論同意先付乙組一半價金○○萬元,另一半價金他造當事人仍不同意給付(證十)。申請人乃就本案申請調解。

爭議法律關係、理由及證據

一、他造當事人拒絕給付乙組○○○○機之全部工程款,僅允給付一半,其理由無非以:

1. 依契約第6條如施工圖樣與說明書有不符之處，應以施工圖樣為準，或由雙方協議解決之。申請人訂定契合約時，並未提出不符之異議。
2. 投標須知附件第6條，投標廠商應參照工程位置圖自行前往勘查，並詳細閱讀投標文件及工程圖說，如有疑問，得在投標前要求主辦工程機關或指定之機關說明，事後投標廠商不得異議。
3. 投標須知第11條：「標單內單價分析表之工料項目與分析數量，僅供參考之用，施工如與實際不符，不得調整。」云云，而拒絕給付該工程款，惟查：

㈠本工程施工圖並未有○○○○機組之圖樣，申請人如何依圖樣施工？且本契約第6條係就施工圖樣與說明書如有不符，應以施工圖樣為準，係規定工程之施工準則，非就工程款之計算而為規範。此觀諸契約第3條已規定本工程之計價應「實做實算」，同契約第13條更就增減工程數量而為規範。他造當事人執契約第6條認申請人依契約應施做2組○○○○機，結果僅安裝乙組，故僅給付一半價金，拒絕給付全數價金，容有誤會。

㈡次按本工程施工圖既未有○○○○機組之圖樣，則申請人在投標之前如何自施工圖得知有2組○○○○機？又如何在訂約時提出異議？且投標須知附件第6條，係就工地地

點及工程與圖說不明或不符時而爲規定,非規範工程數量或增減工程。本契約既就工程計算有所明訂(契約第3條、第13條)自應依契約約定辦理。

(三)依契約第3條規定:「本工程總價款新臺幣○仟○佰○拾○萬元正,『詳細表附後』,工程結算總價按照『實做實算』計算。」(見證一)由下列約定可知:

1. 投標須知所附工程估價單既經契約引用爲「詳細表」,則工程估價單已成爲契約之一部份,而非僅單純投標工程所用之估價單,自應排除他造當事人投標須知第11條之適用。

2. 本工程既採實做實算,自應優先適用。否則如情況相反,估價單所載爲2組,圖說爲1組,施工結果爲1組,他造當事人是否仍按1組價錢給付?而不適用契約約定之「實做實算」之計算方式?足證他造當事人主張乏據。

二、他造當事人應給付乙組○○○○機之工程款10萬元,他造當事人僅給付一半價金5萬元,依約應再給付另一半價金5萬元,其理由:

(一)投標須知所附單價分析表,工程項目:第20項○○○○機已載明數量爲乙組(見證二)。按投標須知所載工程數量,爲眾多欲參與投標廠商所考慮重要條件,如數量有所變更,對眾多投標廠商將形成嚴重不公。本案○○○○機既

在投標須知已載明其數量為乙組,申請人依約施作,自應依約給付全部工程款。至於決標後所增加之數量,亦應依約給付所增加之數量,以臻適法。

(二)依工程契約第3條:「本工程總價款新台幣○仟○佰○拾○萬元正,詳細附表後,工程結算總價按照實做實算計算之。」(見證一)工程契約既明定應按實做數量計算,則申請人安裝乙組○○○○機,請求按實做乙組計算,於法有據。

(三)工程契約第13條:「工程變更,…對於增減數量,雙方參照本契約所訂單價計算增減之。」(見證一)本案○○○○機原列1組數量,後增加為2組,顯屬工程數量之增加。

(四)投標須知補充規定(證十一)第12條第2款:「契約內工程估價單項目,施工時如發現有漏列者,承包商得申請按實核給。」就原契約所漏列之乙組○○○○機,依上開補充規定,如要增加為2組,亦應按實際安裝組數核給。

(五)依○○年○○月○○日工程協商會議案由2:「○○○○機契約僅1組與施工圖示不符合案。」說明:「依○○年○○月編第1次修正工程預算書,第6頁第20項其單價10萬,複價為20萬元,數量2組,誤打為1組,附原件影本,建請准允更正為2組。」(見證五)他造當事人在82年時已

知工程預算書有所錯誤,竟未及時修正,以致發現契約與圖說不符,此一錯誤自不應由申請人平白負擔損失。

三、申請人願按他造當事人指示安裝2組○○○○機,但他造當事人應依約應按增加數量,按本契約所列單價再給付申請人,併此述明。

四、基上所陳,足證他造當事人應給付未付○○○○機之工程款○○萬元暨自○○年○○月○○日起至清償之日止之法定利息。

證據名稱及件數

一、申請人商工登記之證明文件、公司變更登記事項卡、工程契約書(影本)各乙份。

二、他造當事人開標紀錄表暨工程估價單(節本)乙份。

三、施工規範(節本)乙份。

四、申請人○○年○○月○○日(○○)○○字第○○○○號函影本乙份。

五、他造當事人○○年○○月○○日○○市○○字第○○○○號函影本乙份。

六、他造當事人○○年○○月○○日○○市○○字第○○○○號函影本乙份。

七、申請人○○年○○月○○日○○市○○字第○○○○○○號函影本乙份。

八、他造當事人○○年○○月○○日○○市○○字第○○○○○號函影本乙份。

九、申請人○○年○○月○○日○○市○○字第○○○○○○號函影本乙份。

十、他造當事人○○年○○月○○日○○市○○字第○○○○○號函影本乙份。

十一、投標須知補充規定乙份。

證人姓名及住所（無則免填）

謹　　呈

行政院公共工程委員會採購申訴審議委員會　公鑒

　　　　申請人：○○○○○○○○公司　　　　簽章

　　　　負責人或代表人：○○○　　　　　　　簽章

　　　　代理人：○○○　　　　　　　　　　　簽章

中華民國　　　　　　年　　　　　　月　　　　　　日

# 廠商參與政府採購，因履約發生爭議，可向哪一機關申請調解？

**Q**

大大公司因參加政府採購得標，與招標機關訂約，惟於履約中發生履約爭議，此時可向哪一機關申請調解？

**A**

我國《政府採購法》第85條之1第1項規定，機關與廠商因「履約爭議」未能達成協議者，得以下列方式之一處理：一、向「採購申訴審議委員會」申請調解；二、向「仲裁機關」提付仲裁。

由前述規定，大大公司因政府採購而發生履約爭議，自可向「採購申訴審議委員會」申請「調解」；此一「調解」程序是替代訴訟的解決方案（Alter-native Dispute Resolution，簡稱為ADR）。

廠商申請調解，適用《採購履約爭議調解規則》的規定，提出時須注意以下三點：

## 一、受理機關

調解事件屬「中央機關的履約爭議」者,應向主管機關所設的「採購申訴審議委員會」申請;其屬「地方機關的履約爭議」者,應向直轄市、縣(市)政府所設的「採購申訴審議委員會」申請;如直轄市、縣(市)政府未設「採購申訴審議委員會」而委請中央「主管機關」處理者,得向中央「主管機關」所設的「採購申訴審議委員會」申請。

## 二、繳納調解費

申請調解,應依《採購履約爭議調解收費辦法》繳納調解費;其未繳納者,由「採購申訴審議委員會」通知限期補繳;屆期未繳納者,其申請不予受理。

## 三、提出申請書

申請調解,應具「申請書」,該申請書中載明下列事項,由申請人或代理人簽名或蓋章,並按他造人數分送副本:㈠申請人的姓名、出生年月日、電話及住、居所。如係法人或其他設有管理人或代表人的團體,其名稱、事務所或營業所及管理人或代表人的姓名、出生年月日、電話、住、居所;㈡有代理人者,其姓名、出生年月日、電話及住、居所;㈢他造當事人的名稱;㈣請

求調解的事項、調解標的之法律關係、爭議情形及證據；㈤附屬文件及其件數；㈥年、月、日。

　　循申請調解藉以解決履約爭議的廠商，要注意《政府採購法》第85條之1第2項規定，即：「前項調解屬廠商申請者，機關不得拒絕；工程採購經採購申訴審議委員會提出調解建議或調解方案，因機關不同意致調解不成立者，廠商提付仲裁，機關不得拒絕。」

# 申請調解，何種情形會遭到「不受理的決議」？

**Q**

大大公司參與一項政府採購，得標並與招標機關訂約，惟於履約中發生履約爭議，大大公司遂向「採購申訴審議委員會」申請「調解」，大大公司聽別人說，有時申請會遭到「決議不受理」，大大公司想了解何種情形下會被決議不受理？

**A**

廠商與機關間因履約爭議未能達成協議，廠商本可向「採購申訴審議委員會」申請調解，調解程序的進行由委員一人先進行「程序審查」；如有不合程序的申請者即議決駁回；但如其情形可補正者，應酌定「相當期間」命其補正（註）。

如經審查無應不受理的情形者，即進行調解程序，調解成立者，作成「調解成立書」，未能成立者，則作出「調解不成立證明書」。

而究竟哪些情形可能會遭「採購申訴審議委員會」為不受理的決議？依《採購履約爭議調解規則》第10條規定，申請調解有

下列情形之一者，應提採購申訴審議委員會委員會議為「不受理之決議」；但其情形可補正者，應酌定相當期間命其補正：一、當事人不適格者。二、已提請仲裁、申（聲）請調解或民事訴訟者；但其程序已依法合意停止者，不在此限。三、曾經法定機關調解不成立者。四、曾經法院判決確定者。五、申請人係無行為能力人或限制行為能力人，未由法定代理人合法代理者。六、由代理人申請調解，其代理權有欠缺者。七、申請調解不合程式者。八、經限期補繳調解費，屆期未繳納。九、廠商不同意調解者。十、送達於他造當事人的通知書，應為公示送達或於外國為送達者。十一、非屬政府採購事件者。十二、其他不予受理的情事者。

註：參見林家祺著：政府採購法之救濟程序，頁109，2002年3月初版，自刊本。

# 認識「調解建議」與「調解方案」

**Q**

《政府採購法》中規定，向採購申訴審議委員會提出調解的申請，採購申訴審議委員會得依職權提出「調解建議」與「調解方案」；究竟何謂「調解建議」與「調解方案」？

**A**

我國《政府採購法》第85條之3第2項前段規定，調解過程中，調解委員得依「職權」以「採購申訴審議委員會」名義提出「書面調解建議」。另於《政府採購法》第85條之4第1項規定：履約爭議之調解，當事人不能合意但已甚接近者，「採購申訴審議委員會」應斟酌一切情形，並徵詢調解委員的意見，求兩造利益的平衡，於不違反兩造當事人的主要意思範圍內，以「職權」提出「調解方案」。

依前所述，「調解建議」與「調解方案」自有不同，前者是在調解程序進行中，調解委員均可隨時依職權作成；後者則必須以「當事人不能合意而已甚接近」為前提，才可作成（註）。

二者效力亦有不同，「調解建議」之提出，仍須廠商與機關

兩造當事人均同意,才能成立調解;至於「調解方案」一旦送達於當事人或參加調解的利害關係人之次日起「十日」內,得向「採購申訴審議委員會」提出「異議」,如未於上述期間內提出異議者,視為已依該「調解方案」成立調解,反之,如有提出異議者,視為調解不成立(參見《政府採購法》第85條之4第2項、第3項)。

惟須注意者,即異議者如係機關提出,應先報請「上級機關」核定,並以「書面」向採購申訴審議委員會及廠商說明理由(參見《政府採購法》第85條之4第4項準用第85條之3第2項)。

註:參見林家祺著:政府採購法之救濟程序,頁112,2002年3月初版,自刊本。

# 採購申訴審議委員會調解成立,其效力如何?

**Q**

大大公司因政府採購而與招標機關發生履約爭議,大大公司向「採購申訴審議委員會」申請調解;於該委員會的努力下,促成雙方成立調解,不知此一調解的效力如何?

**A**

我國《政府採購法》第85條之3第1項規定,調解經當事人合意而成立;當事人不能合意者,調解不成立。

又依《採購履約爭議調解規則》第19條第1項規定,調解事件應作調解會議紀錄,記載調解的經過、結果與期日的延展及附記事項。所以一旦成立調解,應有下述二點作為:

一、調解委員應就調解事件的內容作成「調解成立書」,載明調解經過,並檢具相關卷證文件,提「採購申訴審議委員會」委員會議審議(參見《採購履約爭議調解規則》第19條第2項)。

二、「調解成立書」應於「採購申訴審議委員會」決議通過

之次日起「十日」內，以正本送達於當事人及參加調解的利害關係人（參見《採購履約爭議調解規則》第19條第3項）。

至於「調解成立書」的效力，因《政府採購法》第85條之1第3項規定，採購申訴審議委員會辦理調解的程序及其效力，除《政府採購法》有特別規定者外，準用《民事訴訟法》有關調解的規定，而《民事訴訟法》的調解成立者，與「訴訟上和解」有同一效力，而「訴訟上和解」又與確定判決有同一效力（參見《民事訴訟法》第416條、第380條）；所以，「調解成立書」自亦與確定判決有同一效力。

# 廠商承攬公共工程發生履約糾紛，請求調解應如何繳費？

**Q**

張大營造廠承攬公共工程，結果與定作機關發生履約爭議的糾紛，希望透過「行政院公共工程委員會」採購申訴審議委員會調解，不知是否要繳費？如須繳費，應如何繳交？

**A**

自《政府採購法》施行後，依該法第85條之2規定，「採購申訴審議委員會」處理機關及廠商的「履約爭議調解」事件，須依《採購履約爭議調解收費辦法》（註）的規定繳納費用。

至於收取費用的標準，依前述辦法第5條規定，以請求或確認金額為調解標的者，其調解費如下：

一、金額未滿新台幣二百萬元，繳費新台幣二萬元。

二、金額在新台幣二百萬元以上，未滿五百萬元者，繳費新台幣三萬元。

三、金額在新台幣五百萬元以上，未滿一千萬元者，繳費新台幣六萬元。

四、金額在新台幣一千萬元以上，未滿三千萬元者，繳費新台幣十萬元。

五、金額在新台幣三千萬元以上，未滿五千萬元者，繳費新台幣十五萬元。

六、金額在新台幣五千萬元以上，未滿一億元者，繳費新台幣二十萬元。

七、金額在新台幣一億元以上，未滿三億元者，繳費新台幣三十五萬元。

八、金額在新台幣三億元以上，未滿五億元者，繳費新台幣六十萬元。

九、金額新台幣五億元以上，繳費新台幣一百萬元。

同辦法第6條規定，非以請求或確認金額為調解標的者，其調解費為新台幣三萬元。但調解標的得直接以金額計算者，其調解費依前條規定計算。

註：《採購履約爭議調解收費辦法》係依《政府採購法》第85條之2的規定而制定。

# 參與政府採購的廠商,對於哪些爭議可以提出「異議」?

**Q**

我國《政府採購法》對於廠商參與政府採購發生哪些爭議時,可以向「招標機關」提出「異議」?又如何進行異議?

**A**

我國《政府採購法》第74條規定,廠商與機關間關於「招標」、「審標」、「決標」的爭議,得依《政府採購法》第六章「爭議處理」的規定,提出「異議」及「申訴」。由上述規定可知僅限於「招標、審標及決標的爭議」,廠商才可以提出「異議及申訴」;至於「廠商與機關間履約及驗收的爭議」不可以提出「異議及申訴」。

又「異議」是「申訴」的前置程序,必須是異議後,對於招標機關的處理結果不服或招標機關逾期不為處理,才可以向所屬「採購申訴審議委員會」申訴(註)。

再者,廠商進行異議,應注意以下二點:

## 一、以「書面」提起

以書面向招標機關提出異議,應以「中文書面」載明下列事項,由廠商簽名或蓋章提出於招標機關:

(一)廠商的名稱、地址、電話及負責人的姓名。

(二)有代理人者,其姓名、性別、出生年月日、職業、電話及住所或居所。

(三)異議的事實及理由。

(四)受理異議的機關。

(五)年、月、日(參見《政府採購法》第102條第1項)。

## 二、注意異議提出的期限

依《政府採購法》第5條第1項規定,廠商提出異議的期限,依「異議的內容」不同,分為三類,即:

(一)對「招標文件規定」提出異議者,其異議期限為自公告或邀標之次日起算等標期之四分之一,其尾數不足一日者,以一日計;但不得少於「十日」。

(二)對「招標文件規定的釋疑、後續說明、變更或補充」提出異議者,其異議期限為接獲機關通知或機關公告之次日起「十日」。

(三)對「採購過程、結果」提出異議者,其異議期限為接獲機

關通知或公告次日起「十日」;其過程或結果未經通知或公告者,為知悉或可得而知悉之次日起十日;但至遲不得逾決標日之次日起「十五日」。

註:參見林鴻銘著:政府採購法之實用權益,頁211,民國92年4月五版,永然文化出版公司出版。

編註:以下圖表資料參考自行政院公共工程委員會網站:https://www.pcc.gov.tw/cp.aspx?n=BDE9F2483D680794。

## 第七篇 爭議處理

### ● 異議處理流程

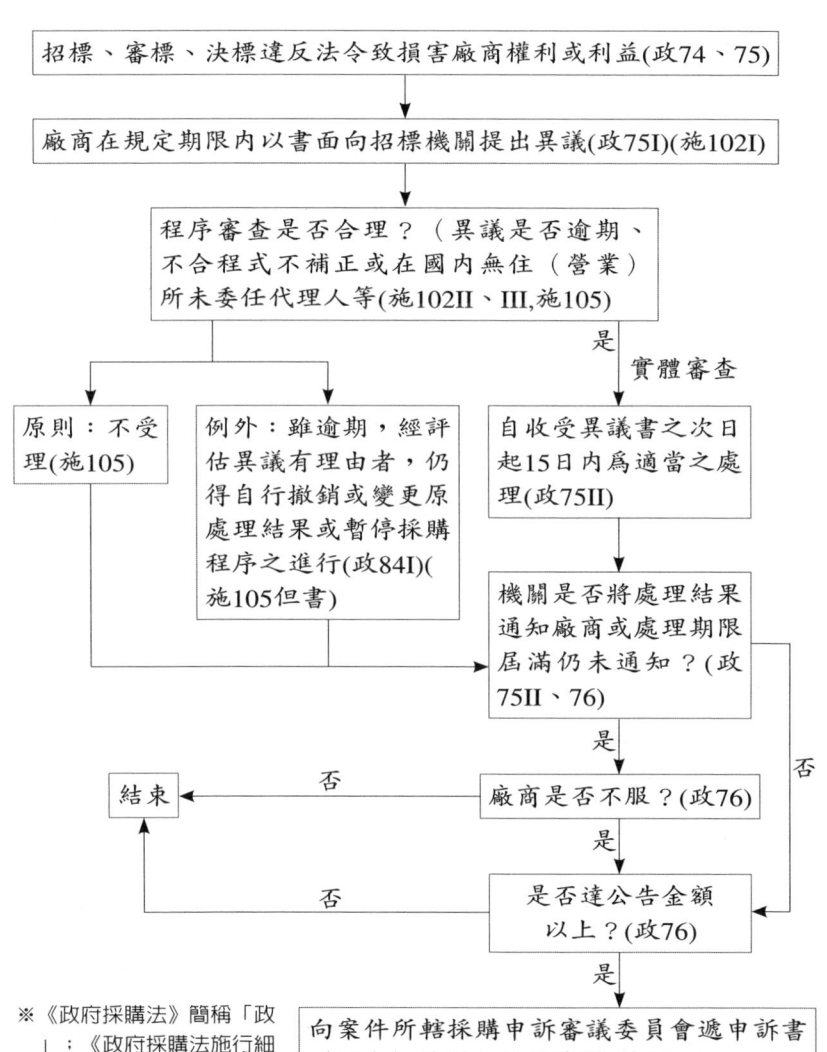

```
招標、審標、決標違反法令致損害廠商權利或利益(政74、75)
        ↓
廠商在規定期限內以書面向招標機關提出異議(政75I)(施102I)
        ↓
程序審查是否合理？（異議是否逾期、不合程式不補正或在國內無住（營業）所未委任代理人等(施102II、III,施105)）
        ↓                              是 ↓ 實體審查
   ┌────┴────┐                    自收受異議書之次日
原則：不受   例外：雖逾期，經評     起15日內為適當之處
理(施105)    估異議有理由者，仍     理(政75II)
             得自行撤銷或變更原           ↓
             處理結果或暫停採購     機關是否將處理結果
             程序之進行(政84I)(     通知廠商或處理期限
             施105但書)            屆滿仍未通知？(政
                                  75II、76)
                                        ↓ 是
結束 ←── 否 ── 廠商是否不服？(政76)  ←── 否
                                        ↓ 是
        ←── 否 ── 是否達公告金額      ←──
                     以上？(政76)
                                        ↓ 是
                向案件所轄採購申訴審議委員會遞申訴書
                （正本）並副知招標機關(政76、77、78I)
```

※《政府採購法》簡稱「政」；《政府採購法施行細則》簡稱「施」。

# 參與政府採購的廠商,何種情形下可以提出申訴?

**Q**

參與政府採購的廠商,對於招標機關之招標、審標、決標的爭議,已提出異議,而對處理結果不服,可以再「申訴」嗎?如可,其「申訴」的程序如何?

**A**

我國《政府採購法》第76條第1項規定:「廠商對於公告金額以上採購異議之處理結果不服,或招標機關逾前條第二項所定期限不為處理者,得於收受異議處理結果或期限屆滿之次日起十五日內,依其屬中央機關或地方機關辦理之採購,以書面分別向主管機關、直轄市或縣(市)政府所設之採購申訴審議委員會申訴,地方政府未設採購申訴審議委員會者,得委請中央主管機關處理。」

因此,廠商如對於「公告金額以上」採購異議的處理結果不服,仍適用「申訴」救濟程序。而上述「公告金額」為何?行政院公共工程委員會於民國111年12月23日將公告金額訂為新台幣

一百五十萬元。至於提出申訴，其程序應注意以下三點：

## 一、提出「申訴書」

該申訴書應載明下列事由，由申訴廠商簽名或蓋章：

㈠申訴廠商的名稱、地址、電話及負責人的姓名、性別、出生年月日、住所或居所；

㈡原受理異議的機關；

㈢申訴的事實及理由；

㈣證據；

㈤年、月、日（參見《政府採購法》第77條第1項）。

並應同時繕具「副本」送招標機關。

## 二、繳交「審議費」及其他必要費用

《政府採購法》第80條第4項規定：「採購申訴審議委員會辦理審議，得先行向廠商收取審議費、鑑定費及其他必要之費用……」；行政院公共工程委員會頒《採購申訴審議收費辦法》也規定，每一申訴事件為新台幣三萬元，鑑定費及其他必要的費用，由「採購申訴審議委員會」通知當事人繳納。

## 三、可以委任「代理人」

申訴得委任「代理人」，代理人應提出「委任書」，並就其

受任事件,有為一切申訴行為之權,但「撤回申訴」及「選任代理人」,非受「特別委任」不得為之(參見《採購申訴審議規則》第5條、第6條)。

編註:以下圖表及書狀參考自行政院公共工程委員會網站:https://www.pcc.gov.tw/cp.aspx?n=BDE9F2483D680794。

第七篇　爭議處理

## ● 行政院公共工程委員會採購申訴審議委員會辦理申訴案件管控流程

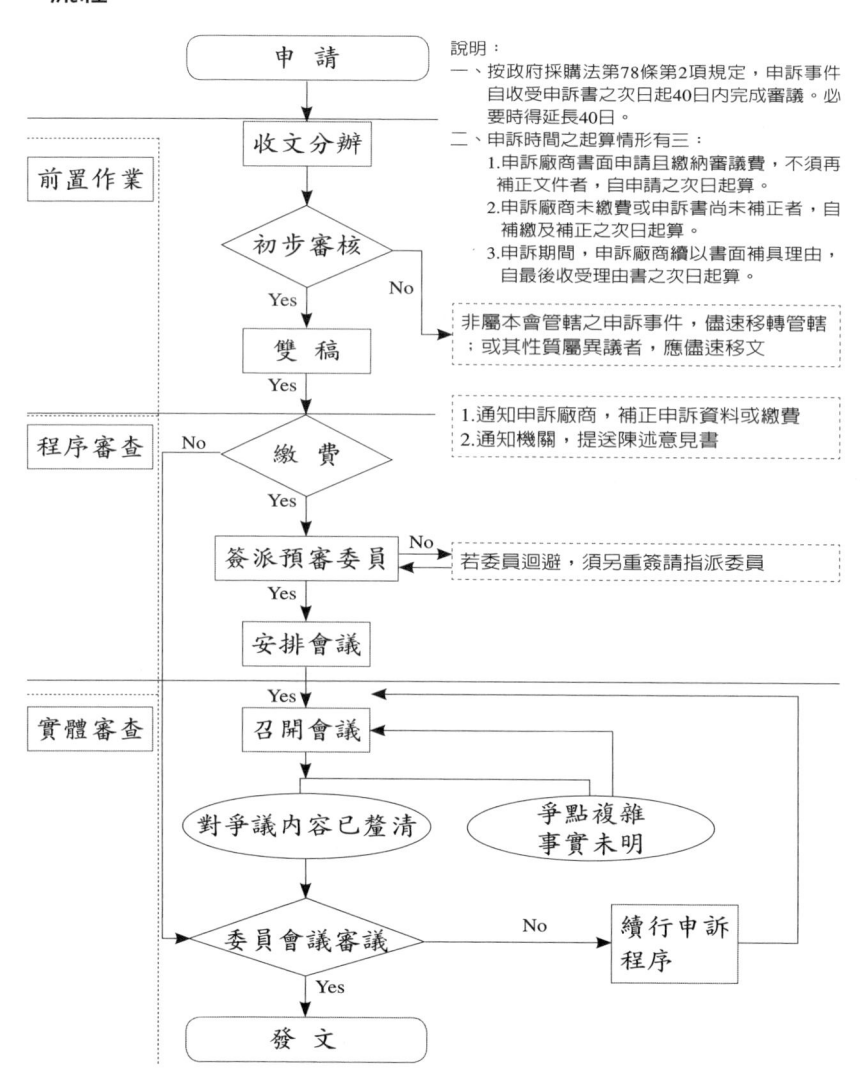

```
                    ┌─────────┐
                    │ 申　請  │
                    └────┬────┘
                         ▼
                    ┌─────────┐
          前置作業   │收文分辨 │
                    └────┬────┘
                         ▼
                    ╱─────────╲
                   ╱ 初步審核  ╲──No──┐
                    ╲─────────╱       │
                      │Yes            │
                      ▼               ▼
                    ┌─────────┐   非屬本會管轄之申訴事件，儘速移轉管轄
                    │ 雙　稿  │   ；或其性質屬異議者，應儘速移文
                    └────┬────┘
                      │Yes
                      ▼
          程序審查   ╱─────────╲       1.通知申訴廠商，補正申訴資料或繳費
                No─╱  繳　費   ╲────▶ 2.通知機關，提送陳述意見書
                    ╲─────────╱
                      │Yes
                      ▼
                   ┌───────────┐  No
                   │簽派預審委員│◀────  若委員迴避，須另重簽請指派委員
                   └─────┬─────┘
                      │Yes
                      ▼
                   ┌─────────┐
                   │ 安排會議 │
                   └────┬────┘
                      │Yes
                      ▼
          實體審查   ┌─────────┐◀──────────────────┐
                   │ 召開會議 │                    │
                   └────┬────┘                    │
                ┌───────┴────────┐               │
                ▼                ▼               │
         ╱──────────╲       ╱──────────╲         │
        ╱對爭議內容已╲    ╱ 爭點複雜   ╲────────┤
         ╲  釐清    ╱     ╲ 事實未明   ╱         │
          ╲────────╱       ╲──────────╱          │
                │                                │
                ▼            No     ┌──────────┐│
            ╱─────────╲ ────────────▶│續行申訴  ││
           ╱委員會議審議╲              │程　序    │┘
            ╲─────────╱               └──────────┘
                │Yes
                ▼
            ┌─────────┐
            │ 發　文  │
            └─────────┘
```

說明：
一、按政府採購法第78條第2項規定，申訴事件自收受申訴書之次日起40日內完成審議。必要時得延長40日。
二、申訴時間之起算情形有三：
　1.申訴廠商書面申請且繳納審議費，不須再補正文件者，自申請之次日起算。
　2.申訴廠商未繳費或申訴書尚未補正者，自補繳及補正之次日起算。
　3.申訴期間，申訴廠商續以書面補具理由，自最後收受理由書之次日起算。

## 申訴申請書

申訴書

標的名稱：　　　　　（採購編號：000）
招標方式：☐公開招標、☐限制性招標、☐選擇性招標
金額：☐在公告金額以上、☐未達公告金額

| 稱謂 | 名稱或姓名 | 性別 | 出生年月日 | 電話 | 地址、住所或居所 |
|---|---|---|---|---|---|
| 申訴廠商 | | | | | |
| 代表人或負責人 | | | | | |
| 代理人 | | | | | |
| 招標機關　　（招標機關代碼：000） | | | | | |
| 代表人 | | | | | |
| 代理人 | | | | | |

　　上開廠商因「　　　　　　　　」事件，不服○○機關○○年○○月○○日之異議處理結果或○○機關逾規定期限(15 日)未為處理，爰於法定期限申訴如下：
　　請求
原異議處理結果撤銷。

事實

理由

證據名稱及件數
(請提具與本案相關之文書、契約、申訴廠商商工登記之證明文件等資料)


　　　綜上所陳,敬請
行政院公共工程委員會
○○(直轄)市政府　　　採購申訴審議委員會公鑒
○○縣(市)政府
＊以上直轄市、縣(市)政府全銜請自行更改、選用



| 申訴廠商 | 簽章 |
| --- | --- |
| 代表人或負責人 | 簽章 |
| 代 理 人 | 簽章 |

中　　華　　民　　國　　　年　　　月　　　日

## ● 採購申訴書參考範例

採購申訴書參考範例（本申訴書僅供格式參考）

標的名稱：○○○○新建工程（採購編號：000）

招標方式：公開招標

金額：公告金額以上

| 申訴廠商 | ○○營造股份有限公司 | 1234567 | ○○市○○路○段○號○樓之○ |
|---|---|---|---|
| 代表人 | ○○○　男 | 1234567 | ○○市○○路○段○號○樓 |
| 代理人 | ○○○　男 | 1234567 | ○○市○○路○段○號○樓 |
| 招標機關 | ○○市政府 | 1234567 | ○○市○○路○段○號○樓 |
| 代表人 | ○○○　男 | 1234567 | ○○市○○路○段○號○樓 |
| 代理人 | ○○○　男 | 1234567 | ○○市○○路○段○號○樓 |

申訴廠商因「○○○○新建工程」事件，不服招標機關○○年○○月○○日之異議處理結果，爰於法定期限申訴如下：

請求

原異議處理結果撤銷。

事實

一、本標案業於○○年○月○○日公告，預定於○○年○月○○日開標。

二、本標案招標文件之施工規範僅限於使用○○施工法，有明顯限制競爭，導致不公之情況發生。

三、經申訴廠商於○○年○月○○日向招標機關提出異議（申證一、二），招標機關於○○年○月○○日函復，略以申訴廠商所異議事項為無理由（申證三），申訴廠商爰於法定期限內提出申訴。

理由

一、招標機關施工規範第10條（申證四）所限定使用之○○施工法，並非達到本工程所需功能之唯一工法。依現行業界所使用之○○施工法亦能完成該項工作，且另有經濟、節省工時之優點，此有臺灣省○○公會○○研究報告可資證明（申證五）。

二、至於招標機關對申訴廠商異議所為函復，指稱○○施工法為成熟工法，而○○施工法之技術尚未成熟乙節，與事實並不相符，茲說明如下：

1. 經查○○施工法除已於國外廣泛運用於各項工程外，國內許多知名工程如○○工程及○○工程，亦都是○○施工法施作之成功案例，因此○○施工法之成熟度不容置疑。

2. 至於○○施工法固為成熟工法，但該工法耗用人力，其所需工時亦較多，即所費成本較高，約略高於○○施工法之成本2至3成，此可由前述他案工程皆由採○○施工法廠商以較低價得標，且皆已順利完工之情形得到證明。

三、綜上所陳，申訴廠商認為招標機關之限定採用○○施工法實

有可議之處,除有浪費工程款之嫌外,並已剝奪採用新工法(即○○施工法)公司參與投標之權益,因此申訴廠商對此提出申訴。請　貴會審議,判定如請求事項。

證據名稱及件數

申證一:申訴廠商商工登記之證明文件乙份。

申證二:申訴廠商○○年○○月○○日向招標機關異議申請書影本乙份。

申證三:招標機關○○年○○月○○日字第○○○○號函影本乙份。

申證四:「施工規範」影本乙份。

申證五:臺灣省○○公會○○研究報告影本乙份。


綜上所陳,敬請
行政院公共工程委員會採購申訴審議委員會　公鑒


　　　　　申訴廠商○○營造股份有限公司
　　　　　　代　表　人○○○　　　　簽章
　　　　　　(代理人)　○○○　　　　簽章


中華民國　　　　　　年　　　　　月　　　　　　日

# 承包廠商不服機關的解約，能否提出申訴？

**Q**

大大公司承包甲機關公開招標採購的一項工程，雙方訂立合約，甲機關以大大公司違反約定為由解除雙方之合約，大大公司不服，向甲機關抗議，甲機關不予理會，大大公司能否依《政府採購法》的規定進行申訴？

**A**

按《政府採購法》第76條第1項規定：「廠商對於公告金額以上採購異議之處理結果不服，或招標機關逾前條第二項所定期限不為處理者，得於收受異議處理結果或期限屆滿之次日起十五日內，依其屬中央或地方機關辦理之採購，以書面分別向主管機關、直轄市或縣（市）政府所設之採購申訴審議委員會申訴。……」所以，廠商提出申訴的法定要件為：一、有異議、申訴的事由：即機關辦理採購違反法令，損害其權益；二、已向招標機關提出異議，招標機關逾期未處理或廠商對其處理結果不服；三、採購金額在「公告金額」以上；四、於法定期限內以書面提出；

五、繳納申訴費（註1）。

　　就本案例而言，大大公司固與甲招標機關有爭議，但因其間僅係合約履行問題，屬私法爭議，並非《政府採購法》第76條得提出申訴請求的法定事項（註2），大大公司自不得提出申訴。但大大公司可以依《政府採購法》第85條之1第1項第1款的規定，向「採購申訴審議委員會」申請調解，而且招標機關即甲機關面對此一調解的申請，不得拒絕（參見《政府採購法》第85條之1第2項）。

註1：林鴻銘著：政府採購法之實用權益，頁240～241，民國92年4月五版，永然文化出版公司出版。
註2：參見行政院公共工程委員會編印：政府採購申訴案例彙編㈢，頁42～43，民國94年4月一版一刷，行政院公共工程委員會發行。

# 在何種情形下，採購申訴審議委員會不受理廠商之申訴？

**Q**

廠商參與政府採購，因對招標機關的招標、審標或決標發生爭議，而向「採購申訴審議委員會」提出申訴，該委員會在何種情形下會作出不受理的決議？

**A**

我國《政府採購法》第78條第2項規定，「採購申訴審議委員會」應於收受「申訴書」之次日起「四十日」內完成審議，並將判斷以書面通知廠商及招標機關，必要時得延長「四十日」。

廠商提出申訴務必遵守「法定期間」及「法定程式」，因《政府採購法》第79條規定：「申訴逾越法定期間或不合法定程式者，不予受理；但其情形可以補正者，應定期間命其補正；逾期不補正者，不予受理。」

廠商欲避免遭決議不受理，須注意《採購申訴審議規則》第11條所列的十款事由；亦即申訴事件如有下述情形之一者，應提「採購申訴審議委員會」委員會議為「不受理之決議」：

一、採購事件未達公告金額者；但「第2條第2項事件」（註1），不在此限。

二、申訴逾法定期間者（註2）。

三、申訴不合法定程式不能補正，或經通知限期補正屆期未補正者。

四、申訴事件不屬收受申訴書的「採購申訴審議委員會」管轄而不能依《採購申訴審議規則》第9條規定移送者。

五、對於已經審議判斷或已經撤回的申訴事件復為同一的申訴者。

六、招標機關自行依申訴廠商的請求，撤銷或變更其處理結果者。

七、申訴廠商不適格者。

八、採購履約爭議提出申訴，未申請改行調解程序者。

九、非屬政府採購事件者。

十、其他不予受理的情事者。

註1：所謂《採購申訴審議規則》第2條第2項事件，係指廠商對機關依《政府採購法》第102條第1項異議的處理結果不服，或機關逾收受異議之次日起十五日期限不為處理而向「採購申訴審議委員會」於法定期間內提出申訴的事件。

註2：依《政府採購法》第76條規定，法定期間為「十五日」。

# 工程合約常見之糾紛與仲裁簡介

**Q**

為什麼馬特拉在台蓋捷運會引發如此大的糾紛？其工程合約是否有疏漏？工程合約常見的糾紛有哪些？起因和問題的種類如何？

**A**

## 一、工程合約之種類

雖然有許多不同種類的營建合約，但大約可分為兩大類，一類為合約一方係經由「競標方式」而得之營建合約，幾乎所有的公家營建合約和大部分的私人工程都屬此類合約。「競標合約」習慣上有一個固定的標價且含有兩種類型，即單價合約以所定的工程數量為基礎而每項數量都有一個單價，總價合約則包括合約文件中所提事項及工作之總價。

第二類營建合約包括那些經由業主和乙方直接協調而得的合約。協調合約可建立於總價、單價或成本加雜費的協議基礎上，大部分的協調合約都以成本加雜費為其基礎，在此狀況下，業主

付予乙方所有的營建成本並對其服務給予補償。乙方的雜費可為工作成本的一定百分率,而其百分率隨工作成本而有所變動,固定雜費有一最高額度的保障,如:分紅的固定雜費或分配工程項目餘額之固定雜費(註1)。

## 二、工程合約管理的重要性

在國外如美國,鑑於合約管理的重要,已經由國家考試設置了「公共合約管理師」(Certified Public Contract Manager),並且在大學企管研究所專闢一個合約管理組,訓練合約管理的專業人才,以從事合約管理的工作。可見合約管理的重要性不容忽視,我們也應該及早認清事實,做提升合約管理境界的努力。

我國合約管理升級的第一步,就是要普遍建立合約管理專業化的觀念,把合約管理的境界從只注意合約行政,提升為整個企業行為的團隊工作。其次,要慎選及訓練適當的人員來從事專業化的工作。第三,就是要有「主動、積極、創新」的敬業精神。外國的月亮不比我們的圓,外國人也不比我們聰明,可敬的是他們的敬業精神。而這種精神也就是我們千百年前所講的「打破砂鍋問到底的精神」(註2)。

## 三、合約管理失敗原因的探討

合約管理失敗的原因之一是缺乏合約管理之專業人才。一般

人的觀念均將合約管理的工作侷限於合約行政的範圍內，也就是說一般的合約管理從業人員多半是處理例行公事般的準備投標、開標資料，經過審標、決標，然後簽字用印，就算完成手續交差，並未對合約管理的工作全心投入，既缺乏敬業精神，亦沒有研究創新的精神。事實上生活在這樣一個工業急速發展的時代，企業界任何一種交易或接觸就是一場戰爭，必定有優勝劣敗的局面出現。而這項成敗是整個企業的投入，需要整個企業各部門做團隊性的參與。要深入問題的中心，妥善準備，才能制敵機先，取得勝利。

另一個造成合約失敗的原因是依賴心太重，給人予取予求的機會。通常一份技術合作合約，其正確的作法是在本項合約簽訂完成後，此項技術之使用權利已經移轉給買方，因為買方已經付過了代價。這一點在合約磋商的過程中就應該加以確認。事實上，在決定任何一種技術採購之前，我們就應有這種認識，因為技術合作的本身就是花錢買技術。固然一項新技術的開發具有無上的價值，但是若沒有人賞識或花錢投資來推廣，也就顯得毫無意義。

再者，一個顧問公司或某一技術服務業，他們是靠出賣技術知識維生的，所以在本質上，他們的立場是盡一切可能來保留他們所知道的知識，買主絕不要期望他們開誠布公傾囊相授。可是以一項技術買主的立場來看，當然希望把錢花在刀口上，以最少

的花費來獲取最高的成果。所以買方的合約管理從事人員要盡其所能的挖掘所需要的知識，不但要適合當前的應用，更要能取得未來自行發展之基礎，才是正確的經營之道（註3）。

## 四、工程糾紛索賠的起因

楊熙堯先生於其所著〈工程糾紛索賠之談判與仲裁〉一文（註4）中，分析導致糾紛索賠事件的問題點，主要有下列各項：

㈠契約文件之語意模糊和矛盾。

㈡專案進度安排和其修正程序。

㈢大樣圖（Shop Drawings）之送審進度與負責單位。

㈣付款條件與程序不明確。

㈤按工料計價（Time-Materials）工程之費率。

㈥有關變更令或追加工作上，各造之職權不明確。

㈦機具與人力使用不當導致之延誤。

㈧不可控制事故之定義，以及其導致延誤之工期延長要件。

㈨設計中輟或變更令過多導致之延誤。

㈩業主要求趕工所產生的額外費用。

(十一)業主不同意工期延長而導致之延誤。

(十二)業主變更工作的順序。

(十三)圖說有錯誤。

(十四)藍圖和細部設計圖未全部完成或有矛盾。

(十五)與業主另僱的承包商間缺乏協調與管理。

(十六)對工程的驗收品質看法不一。

(十七)現場的倉庫與進出道路使用受限。

(十八)有變異而未及時談判或解決。

(十九)不完整或不合理的完工檢查表。

(二十)缺少完工檢查表。

(二十一)業主或建築師延遲驗收工程。

(二十二)開工通知延遲發出。

(二十三)延長工期的申請書延遲發出。

(二十四)對契約的解釋不合理。

(二十五)延遲提出變更令。

(二十六)大樣圖或材料樣品審核上的延誤。

(二十七)無法逆料的現場條件。

(二十八)進度付款延誤。

(二十九)檢查程序上的不當。

(三十)漏列替代品的核可程序。

(三十一)未發送專案手冊。

(三十二)已完成工作的簽證程序不當。

(三十三)未付款引致的法定抵押權行動。

(三十四)數量有大變動時未再設定新單價。

(三十五)承包商未及時通知其延誤，致進度表的修正難以下手。

㈥承包商未聲明所做者為追加的工作。

㈦未限定修改瑕疵工作的期限。

㈧承包商未能或延誤提出其工程執行報表（Project Status Report）。

㈨下述之紀錄文件保存不當：函件、會議紀錄、疑義澄清備忘錄、工程日誌、照片、竣工圖。

又工程契約較常發生糾紛索賠的問題，尚可參「工程契約問題一覽表」（註5）。

● **工程契約問題一覽表**

| 契約不公平 | <ul><li>契約有任何疑義，以甲方解釋為準。</li><li>總價承包有漏列或數量不足由乙方負責。</li><li>供給材料剩餘歸還甲方，不足由乙方負責。</li><li>甲方原因所致之工程進度落後，乙方不得要求賠償。</li><li>變更設計或終止合約，乙方不得求償。</li><li>工程災害之損失，由乙方負責。</li><li>乙方甚少有主張終止契約之權利。</li><li>甲方要求趕工不予以加價。</li></ul> |
|---|---|
| 條款不明確 | 工期 | <ul><li>工期展延，其理由未明定。</li><li>工作天計算方式規定不明確。</li><li>工程查驗及驗收日期未明確。</li></ul> |
| | 價款方面 | <ul><li>額外工作時，其追加價款之規定不明確。</li><li>新增工程項目價格的認定差異。</li><li>工程款給付期限不明確。</li><li>工程瑕疵之扣款辦法不明確。</li><li>工程押標金、保證金之退還期限不明確。</li></ul> |
| | 品質方面 | <ul><li>同等品之認定標準不一致。</li><li>工程品質合格與否的判定基準不明。</li><li>現場無法依施工規範施工。</li><li>工程施工說明書不明確。</li></ul> |

| | |
|---|---|
| 工程變更 | ・設計錯誤造成之問題權責不明。<br>・設計者要求包商執行施工說明書條款以外的工作，其範圍權限不清。<br>・工程性質改變，涉及乙方能力問題時，未明確規定處理辦法。<br>・工程變更設計延誤，影響工程進度。 |
| 其他 | ・「不可抗力事故之範圍」未明確規定。<br>・工程事故之責任判定未明確劃分。<br>・甲方對乙方行使契約解除之規定不明確。<br>・工地狀況與契約之預測資料不符。<br>・關連合約之各包商權責劃分不清。<br>・工程保固期間損壞責任之判定不明確。<br>・監造單位指示錯誤時之處理辦法未明定。<br>・圖示與標單所列之項目不符。 |
| 規定不完整 | ・業主違約之處理未規定。<br>・糾紛之處理方式未規定。<br>・選定分包人方式未規定。<br>・工程所致之環境公害，雙方責任未規定。<br>・契約中設計圖不完整、錯誤或矛盾。<br>・契約中對事故防止與保險無明確規定。 |

（摘錄自李得璋著：〈營建工程爭議與仲裁之處〉一文）

　　如果發生糾紛索賠，若不想透過法院訴訟，可以運用「仲裁」；至於利用仲裁解決問題，須先明白其優點為：一、費用較省；二、時間較短；三、仲裁人的判斷，於當事人間，與法院的確定判決有同一效力；四、私密性（註6）。

　　而對於進行仲裁程序，當事人還應明白以下三點：

　　一、原則上，雙方當事人各自指定一位「仲裁人」，再由雙方的仲裁人合推一位「主任仲裁人」。

　　二、當事人得以「書面」委任「代理人」出席陳述。

　　三、仲裁程序詢問終結，應作成「判斷書」，判斷書應記載

下列各款事項,並由仲裁人簽名:㈠當事人姓名、性別、年齡、籍貫、職業及住所或居所,當事人為法人或其他團體者,其名稱及事務所或營業所。㈡有通譯者,其姓名、性別、年齡、籍貫、職業及住所或居所。㈢判斷主文。㈣事實。㈤理由。㈥年、月、日。

註1:參見曾俊達著:〈工程合約相互關係之探討〉,載現代營建雜誌社編印:營建管理實務㈡,頁90,民國83年1月初版。
註2:參見何文波著:〈合約管理專業化㈠使命感與敬業精神〉,載現代營建雜誌社編印:營建管理實務㈠,頁63,民國82年11月再版。
註3:參見何文波著:〈合約管理專業化㈠使命感與敬業精神〉,載前揭書,頁65。
註4:參見楊熙堯著:〈工程糾紛索賠之談判與仲裁〉,載現代營建雜誌社編印:營建管理實務㈠,頁236〜237,民國82年11月再版。
註5:參見李家慶著:工程糾紛與仲裁實務探討,載商務仲裁月刊第39期,頁24〜25,民國84年6月30日出刊。
註6:參見楊熙堯著:前揭文,載前揭書,頁240〜243。蕭江碧著:〈公平工程契約與仲裁〉,載商務仲裁月刊第39期,頁1〜4。邱蕭文著:〈公共工程仲裁特性〉,載商務仲裁月刊第39期,頁20〜23。

第七篇　爭議處理

## ○ 仲裁程序流程圖

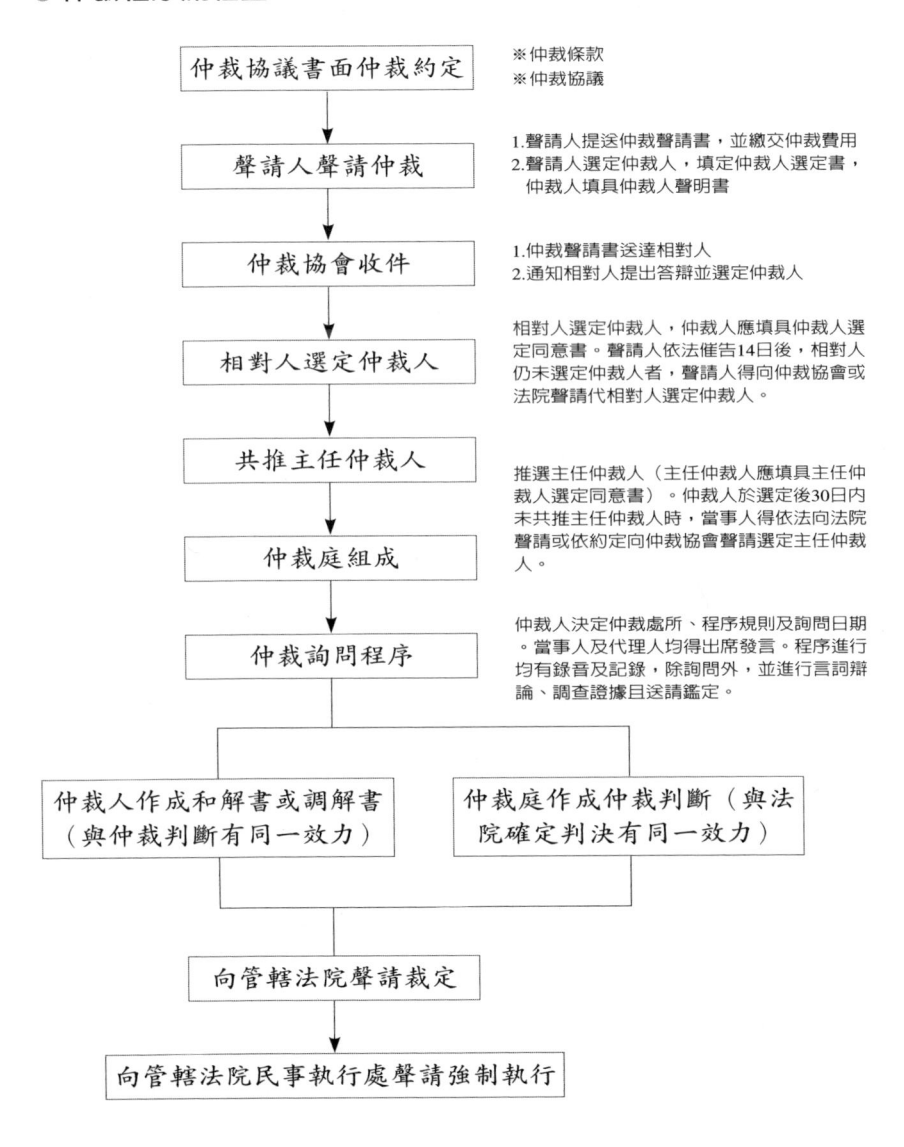

```
仲裁協議書面仲裁約定          ※仲裁條款
        ↓                    ※仲裁協議
   聲請人聲請仲裁        1.聲請人提送仲裁聲請書,並繳交仲裁費用
        ↓              2.聲請人選定仲裁人,填定仲裁人選定書,
                          仲裁人填具仲裁人聲明書
   仲裁協會收件        1.仲裁聲請書送達相對人
        ↓              2.通知相對人提出答辯並選定仲裁人
  相對人選定仲裁人      相對人選定仲裁人,仲裁人應填具仲裁人選
        ↓              定同意書。聲請人依法催告14日後,相對人
                        仍未選定仲裁人者,聲請人得向仲裁協會或
                        法院聲請代相對人選定仲裁人。
  共推主任仲裁人        推選主任仲裁人(主任仲裁人應填具主任仲
        ↓              裁人選定同意書)。仲裁人於選定後30日內
                        未共推主任仲裁人時,當事人得依法向法院
   仲裁庭組成            聲請或依約定向仲裁協會聲請選定主任仲裁
        ↓              人。
                        仲裁人決定仲裁處所、程序規則及詢問日期
   仲裁詢問程序          。當事人及代理人均得出席發言。程序進行
                        均有錄音及記錄,除詢問外,並進行言詞辯
                        論、調查證據且送請鑑定。
        ↓
┌──────────────┬──────────────┐
仲裁人作成和解書或調解書   仲裁庭作成仲裁判斷(與法
(與仲裁判斷有同一效力)   院確定判決有同一效力)
└──────────────┴──────────────┘
              ↓
      向管轄法院聲請裁定
              ↓
   向管轄法院民事執行處聲請強制執行
```

# 工程合約訂立仲裁條款的內容

**Q**

政府發包工程，與承包商所訂的工程合約，如預為糾紛的解決欲訂立「仲裁條款」，該條款應如何訂立？

**A**

內政部為了工程合約能公平合理起見，曾要求各主辦工程機關於訂立工程合約時，訂明有關仲裁條款（註1）；然仲裁條款該如何訂立呢？

內政部曾提出「仲裁條款參考條文」，如下列（註2）：

一、甲、乙雙方如對契約條款發生爭議，且不同意工程師之裁決時，得依《仲裁法》之程序提請○○○○仲裁機構（註3）仲裁。

二、仲裁由當事人雙方各選一適任之仲裁人，再由雙方選出之仲裁人共推另一仲裁人，如不能共推時，得聲請管轄法院（甲、乙雙方以約定之法院為本契約之管轄法院）為之選定。當事人選定仲裁人後，應以書面通知他方及仲裁人。選定經通知後不得撤回，已選定仲裁之一方，得催告他方於受催告人之日起七日內

選定仲裁人，受催告之人逾期不選定仲裁人者，催告人得聲請法院為選定仲裁人。

三、仲裁人應於被選定之十日內決定仲裁處所及詢問日期，通知雙方出席陳述，並就事件關係做必要之調查後，試行和解，和解不成，於法定期限內決定其判斷。

四、仲裁之判斷除送達雙方當事人外，並送請法院備案，對雙方具約束效力，雙方均應共同遵守，否則可聲請法院裁定而強制執行。仲裁人逾前項期間未做成判斷者，當事人得逕行起訴，仲裁人意見不能過半數者，應將其事由通知當事人，仲裁程序視為終結。

五、仲裁費用之負擔，應記明於「仲裁判斷書」或「和解筆錄」。

六、仲裁期中非經甲方同意，乙方不得停工，並須繼續履行本契約義務。

註1：高銘貴編：營繕工程購置財物應用法令輯要，頁691，84年6月增訂新版，主計月刊報社發行。
註2：高銘貴編：前揭書，頁692～693。
註3：台灣目前的仲裁機構有「中華民國仲裁協會」、「台灣仲裁協會」、「中華工程仲裁協會」及「中華不動產仲裁協會」。

# 工程糾紛仲裁時,當事人如何選定仲裁人?

**Q**

工程承攬的當事人雙方於契約中訂有「仲裁協議」的條款,契約的履行發生爭議,如欲仲裁時,應如何決定仲裁人?

**A**

關於仲裁人的決定,須視雙方於「仲裁協議」中是否已約定仲裁人及其選定方法而有不同。倘如雙方已約定仲裁人及其選定方法者,即從其約定。

如果於仲裁協議中,未約定仲裁人及其選定方法者,即應由雙方當事人各選一仲裁人,再由雙方所選定的仲裁人共推「第三仲裁人」為「主任仲裁人」(參見《仲裁法》第9條第1項)。

有時雙方當事人已各自選一仲裁人,卻遲遲未能共推第三仲裁人,應如何是好?依《仲裁法》第9條第2項規定:「仲裁人於選定後三十日內未共推主任仲裁人者,當事人得聲請法院為之選定。」

不過如僅一方當事人已選定仲裁人,另一方卻遲遲未選定仲

裁人,這種情況依《仲裁法》第11條第1項:「當事人之一方選定仲裁人後,得以書面催告他方於受催告之日起,十四日內選定仲裁人。」如受前述催告,已逾規定期間而不選定仲裁人者,則「催告人得聲請仲裁機構或法院為之選定」(參見《仲裁法》第13條第1項)。

# 工程糾紛仲裁協議的訂立方式

**Q**

訂立工程合約時,如希望萬一發生工程糾紛能透過仲裁解決,應如何訂立「仲裁協議」?

**A**

可以運用「仲裁」解決糾紛者,限於「有關現在或將來的爭議」,且該爭議必須以「依法得和解者」為限;而當事人間訂立「仲裁協議」,以「關於一定的法律關係,及由該法律關係所生的爭議」而為者(參見《仲裁法》第1條、第2條)。

該如何訂立仲裁協議呢?

依《仲裁法》第1條第3項、第4項規定:「仲裁協議,應以書面為之。當事人間之文書、證券、信函、電傳、電報或其他類似方式之通訊,足認有仲裁合意者,視為仲裁協議成立。」當事人雙方訂立仲裁協議,自應遵循上述規定。

一旦仲裁協議成立生效,當事人即受拘束,如發生糾紛,有一方不遵守該協議,而向法院提起訴訟,法院即應依他方當事人的聲請,裁定「停止訴訟程序」,並命原告於一定期間內提付仲

裁；但被告已為本案的言詞辯論者，不在此限（參見《仲裁法》第4條第1項）。

# 承包商對工期展延補償爭議可以申請仲裁嗎？

**Q**

甲機關有一工程採購，乙廠商獲得承包的機會；雙方於工程合約條款約定：「甲方工程司核准延長工期即應視為對乙方承包商所受任何損失已作全部賠償。……甲方工程司有最後決定權……」、「甲、乙雙方同意與本合約有關或因本合約而引起之爭議，雙方同意由……仲裁協會仲裁。」倘乙廠商對於工期延長認甲方應予補償內容有爭議，乙廠商能否依上述約定請求仲裁？

**A**

近年來在公共工程中，常有廠商承包的工程發生延長工期，廠商認為自己權益受損或利潤嚴重受影響而向採購機關請求補償之情事。採購機關往往予以回絕，並於廠商請求仲裁時，主張此一爭議不在仲裁協議之範圍。

就此問題已有相當多的案例，見解上認為採購機關與廠商間雖有如前述問題中類似條款的約定，廠商還是可以請求仲裁。例如：

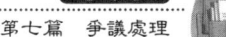

一、最高法院89年度台再字第92號判決認為：「兩造工程合約一般規範所稱工程司有最後決定權事項，係指有關施工上之爭執或歧見而言，至於工程施工以外之其他事項，即非屬工程司有最後決定權之事項。一般規範雖規定工程司對於延長工期日數有決定權，惟就承包商因此所受損害之補償，並未規定工程司應予核定且具決定權；一般規範規定：如工程司核准延長工期即應視為對承包商所受任何損失已作全部補償等語，則係關於擬制其實體上法律效果之規定，尚難執此遽認承包商請求補償因延長工期所受損害，亦屬工程司有最後決定權之事項」。

二、最高法院94年度台上字第607號判決認為：「依一般規範第5.25規定，仲裁契約範圍包括『有關合約或由合約而引起，或在施工上有任何爭執或歧見』，兼採例示與概括規定，凡屬與工程有關之爭執或歧見，均在該條款之內。……工程款為承攬工程之對價給付，其給付數額多寡及合約目的是否達成，被上訴人請求增付工程款，亦應認為有關本件工程合約而引起。」（註）。

註：參見黃泰鋒、陳麗嘉撰：〈工期展延補償爭議爭點試析（上）〉一文，載仲裁季刊第78期，頁60～61，民國95年7月15日出版。

# 承攬人面對「附合契約」的不公平條款,該怎麼辦?

**Q**

甲機關將一項工程委由乙公司承包,而甲機關在其制式合約中約定:「承包商乙公司不論以任何理由申請工期的延長,如甲機關之工程司以書面通知核准乙公司延長之請求時,則視為對承包商乙公司所遭受的任何可能之損失,已作全部之補償;承包商乙公司須放棄對該事件再提出請求之權利,……」,要求乙公司簽訂,而乙公司如因甲機關遲遲發出開工通知,致廠商成本增加,則乙公司是否須因上述條款的約定,而不得再為任何請求?

**A**

按我國《民法》中對於「附合契約」(註1)有所規範,依該法第247條之1規定,依照當事人一方預定用於同類契約之條款而訂定之契約,為下列各款之約定,按其情形顯失公平者,該部分為無效:

一、免除或減輕預定契約條款之當事人之責任者。

二、加重他方當事人之責任者。

三、使他方當事人拋棄權利或限制其行使權利者。

四、其他於他方當事人有重大不利益者。

就以本案例而言,甲機關以「制式合約」要求承包商乙公司配合簽訂,此即為「附合契約」,而該合約中的條款約定,一經甲機關工程司核准延長工期,則無論申請延長工期的原因是否可歸責於承包商,承包商均須放棄對該事件再提出請求的權利,此一約定將使承包商承擔難以預見的風險,衡情已有「顯失公平」之處(註2);乙公司此時可依《民法第247條之1第3款:「……使他方當事人拋棄權利或限制其行使權利者。」的規定,主張該條款「無效」,而再向甲機關為請求。

註1:附合契約,又稱定型化契約,係指依照當事人一方(即:利用人)預定用於同類契約的一般契約條款,以之作為契約內容的全部或一部而訂定的契約。

註2:參見林麗珍撰:〈承攬工程遲延簽發開工通知書及展延工期所生爭議之判斷〉一文,載中華民國仲裁協會出版:工程仲裁案例選輯Ⅱ,頁261,2003年7月一版。

# 承攬人在何種情形下可援用「情事變更原則」，請求增加給付工程款？

**Q**

甲營造廠商承攬定作人乙的裝修工程，因工程界面問題，定作人無法如期提供工地予承攬人甲施作，致工期延長，工期展延達一百天以上，造成承攬人甲的損失，甲能否援用「情事變更原則」，要求增加給付工程款？

**A**

按我國《民法》第227條之2第1項規定，契約成立後，情事變更，非當時所得預料，而依其原有效果顯失公平者，當事人得聲請法院增、減其給付或變更其他原有效果。依上所述，「情事變更原則」須具備下列條件：

一、須有情事之變更。

二、須情事的變更發生於法律關係成立後其效力完了以前。

三、情事的變更須非當事人所得預料且有不得預料的性質。

四、情事的變更須因不可歸責於當事人的事由而發生。

五、須情事變更後如仍貫徹原定的法律效力則顯失公平（註1）。

司法實務中，針對情事變更原則，最高法院也有不少看法，如：「未適時提供用地」、「因法令變更而請求調整契約」、「法定工時縮短」、「漏項問題」、「完工期延長」、「物價波動調整」、「鋼筋價格暴跌」、「大地震」……等（註2）。

就以本事件而言，因工程界面問題，致定作人無法如期提供工地予承攬人甲施作，且工期延長，而工期展延達一百天以上，此是否為「非當時所得預料」？按工程契約中所指的「非當時所得預料」，應指該情事變更情況，非承包商締約當時所得預料的風險；或雖然可以預料，但承包商無法採取合理措施，藉以防止損害、損失的發生者而言。本件工期展延達一百天，可能已超出一般業界所能預期，如強令承攬人承擔因此增加的成本，顯然有失公平；所以，本件應可適用「情事變更原則」，由承攬人要求增加工程款的給付。

註1：參見陳峰富撰：〈工程界面仲裁案件之爭議〉一文，載中華民國仲裁協會出版：工程仲裁案例選輯I，頁211，2000年12月初版。

註2：參見尤英夫編著：情事變更原則在工程案件的適用——最高法院的看法，頁110～123，2014年1月（一版），自刊本。

# 總價承攬契約發生合約漏項時,可否向定作人請求補給該部分的工程款價額?

**Q**

大大營造公司承攬一項學校工程,當時定作人明知投標文件中缺漏部分工程項目的估價單,而該工程以「總價承攬」;大大公司可否以該缺漏項目為「合約漏項」,而請求定作人給付該部分工程價款?

**A**

按總價承包契約,係指工程價目表所列的項目、數量僅供承包商參考,承包商投標時須自行按照圖說詳實計算估價,如認有項目遺漏或數量不符者,須自行於各項目的單價內調整,間接反映於總價中(註1)。

然如果定作人所提供的標單文件有發生遺漏的情事,且該遺漏於開標前為業主已查知,又未善盡向承攬人告知的義務,本於「公平正義」及「誠實信用原則」,應給予承攬人合理的補償。

承攬人為了避免自己在簽訂總價承包契約時發生「漏項」而生爭議，建議於契約內註明施工時，承攬人如發現詳細表有漏列者，可以向定作人申請按實核給或依工程變更程序辦理。至於如果是在投標時，廠商發現工程數量差異或項目的漏列嚴重，足以影響契約決標總價時，應於決標前依程序提出（註2）。

註1：參見陳煌銘撰：〈總價承攬契約標單缺漏爭議之請求依據〉一文，載中華民國仲裁協會出版：工程仲裁案例選輯Ⅰ，頁189，2000年12月一版。

註2：參見黃火城著：營造工程契約理論與實務，頁272，民國92年2月初版，翰伸出版有限公司出版。

# 定作人不為協力時，承攬人該怎麼辦？

**Q**

大大營造公司承攬甲機關的「○○河抽水站土建工程」，甲機關在未辦妥本件工程有關「控制室」的建造執照、主體工程的雜項執照、建造執照時，就要求大大營造公司開工。開工不久，卻遭附近民意代表率地方人士抗爭，阻止工程施工，大大營造公司該怎麼辦？

**A**

我國《民法》第507條規定：「工作需定作人之行為始能完成者，而定作人不為其行為時，承攬人得定相當期限，催告定作人為之。定作人不於前項期限內為其行為者，承攬人得解除契約，並得請求賠償因契約解除而生之損害。」。

以本案例而言，申請執照屬定作人甲機關的協力義務，而施作本件工程之前，甲機關亦應妥為評估，並與工程用地地方人士協調、溝通，以消弭將來施工時地方人士的抗爭（註）；然甲機關卻未為之，承攬人大大公司應依《民法》第507條第1項規定，

對甲機關作「定期催告」，此一催告宜以「書面」，如「郵局存證信函」、「律師函」或「認證函」等，倘未獲置理，則可以考慮解除契約，並請求損害賠償。

而行使解除權時，適用下述二規定：

一、《民法》第258條第1項規定解除權的行使，應向他方當事人以「意思表示」為之。

二、《民法》第260條規定，解除權的行使，不妨礙損害賠償之請求。

註：參見陳純仁撰：〈工程之施工障礙及損害賠償之法律問題〉一文，載中華民國仲裁協會出版：工程仲裁案例選輯Ⅰ，頁278～281，2000年12月初版。

# 政府採購契約中如何約定「終止」或「解除」的事由？

**Q**

大大公司在一件政府採購案中得標，現欲與機關訂立採購契約，其對於契約中「終止」或「解除」的約定，應注意哪些問題？

**A**

政府採購得標廠商與機關訂立契約時，務必謹慎。《政府採購法》第6條第1項固然規定，機關辦理採購，應以維護公共利益及公平合理為原則，對廠商不得為無正當理由的差別待遇；但實際上機關於訂立契約仍常立於本位主義，廠商宜謹慎面對！

《政府採購法》第63條第1項規定，各類採購契約要項，由主管機關參考國際及國內慣例定之。行政院公共工程委員會即於民國88年5月25日發布《採購契約要項》，嗣後分別於91年11月4日、92年3月12日、93年9月24日、95年1月2日、99年12月29日、108年8月6日修訂。該要項內容，機關得依採購契約的特性及實際需要擇訂於契約；但本要項敘明應於契約內訂明者，應予納

入。

所以，採購契約中對於「契約終止或解除」，《採購契約要項》的規定主要有三，而廠商自應注意這些規定，現分述如下：

## 一、終止或解除契約之情形

契約得訂明機關得通知廠商終止或解除契約之情形。契約得訂明終止或解除契約，屬可歸責於廠商之情形者，機關得依其所認定之適當方式，自行或洽其他廠商完成被終止或解除之契約；其所增加之費用，由原契約的廠商負擔（註1）。

## 二、因政策變更之終止或解除契約

契約因政策變更，廠商依契約繼續履行反而不符「公共利益」者，機關得報經上級機關核准，終止或解除部分或全部契約。但應補償廠商因此所生之損失（註2）。

此一規定為「權宜終止條款」（Termination for Convenience），係《政府採購法》第64條的規定，此乃基於「公共利益」為政府採購最重要的考量因素，如有因政策變更，廠商依契約繼續履行反不符公共利益，機關自宜終止或解除契約，惟應補償廠商因此所生的損失（註3）。

## 三、終止契約後之價金給付

依前述規定（《政府採購法》第64條）終止契約者，廠商於接獲機關通知前已完成且可使用之履約標的，依契約價金給付；僅部分完成尚未能使用之履約標的，機關得擇下列方式之一洽廠商為之：

㈠繼續予以完成，依契約價金給付。

㈡停止製造、供應或施作。但給付廠商已生之製造、供應或施作費用及合理之利潤（註4）。

註1：《採購契約要項》第65點。
註2：《採購契約要項》第66點。
註3：參見唐國盛律師著：政府採購法律應用篇，頁354～355，永然文化出版公司出版，民國92年4月五版。
註4：《採購契約要項》第67點。

# 廠商對於政府採購履約爭執，透過民事訴訟解決的法律須知

## 一、政府採購契約常發生履約爭議

廠商參與政府採購，於投標後經決標而得標之後，於履約過程有時會有爭議發生，如：採購契約的終止、解除、違約金、履約保證金沒收、保證保證金、逾期違約、物價調整與情事變更、契約漏項工程款增加、工程展期、同等級差價的風險承擔……等等，針對這些爭議的解決，廠商可以透過「協調」、「調解」、「仲裁」或「訴訟」的途徑。《採購契約要項》第70點第1項中明訂：契約應訂明機關與廠商因履約而生爭議者，應依法令及契約規定，考量公共利益及公平合理，本誠信和諧，盡力協調解決之。其未能達成協議者，得以下列方式之一處理：㈠依《政府採購法》第85條之1規定向採購申訴審議委員會申請調解。㈡符合《政府採購法》第102條規定情事，提出異議、申訴。㈢提付仲裁。㈣提起民事訴訟。㈤依其他法律申（聲）請調解。㈥契約雙方合意成立爭議處理小組協調爭議。㈦依契約或雙方合意之其他方式處理。

筆者特別針對透過「民事訴訟」的途逕解決履約爭議，應注

意的法律問題藉本文予以剖析。

## 二、進行民事訴訟起訴時的基本認識

首先提起民事訴訟，即一般俗稱的「打民事官司」，廠商於訴訟提起須先「謀定而後動」，即必須做好事實、資料、文件的準備，釐清法律關係及調查證據的方式；如果自己不懂一定要找到值得信任的專業、有經驗及負責任的律師，這是基本前提，除此之外，起訴時應注意以下四點：

㈠訴訟主體：提起民事訴訟，有「原告」、「被告」，故應注意「當事人能力」、「當事人適格」；

㈡訴訟標的：提起民事訴訟時，注意訴訟的客體，即「訴訟標的」，「訴訟標的」還涉及「訴訟費用的計算與繳納」；

㈢訴之聲明：提起民事訴訟，須於民事起訴狀內表明希望法院如何判決，所以對於「給付之訴」、「確認之訴」、「形成之訴」也須有認識；

㈣管轄法院：提起民事訴訟，須向有「管轄權」之法院提起，契約內是否有「管轄之合意」；又《採購契約要項》第73點前段：契約應訂明以「中華民國法律為準據法，並記載訴訟時以機關所在地之地方法院為第一審管轄法院……」。

## 三、提起民事訴訟須注意「消滅時效」的規定

其次,由於政府採購契約履約爭執,常涉及「債權請求權」,而「債權請求權」又涉及「消滅時效」,按消滅時效有「一般時效」(《民法》第125條)(註1)與「短期時效」(特別時效)(《民法》第126條及第127條)(註2)之分,所以廠商提起訴訟務必注意「消滅時效」的法律問題。

就以公共工程的採購為例,其一般是屬於「承攬契約」(《民法》第490條)(註3),另外有些工程採購則具有「承攬與買賣混合契約之不動產製造物工程契約」,此時在消滅時效的適用上則有不同。關於此一問題,謹提出最高法院兩則民事判決:

1.最高法院96年度台上字第1923號民事判決判示:「……按具有承攬與買賣混合契約的性質之不動產製造物供給契約,就不動產財產權之移轉而言,尚與民法第127條第7款所定『技師、承攬人之報酬及其墊款』為一般單純之承攬有間……。故此類不動產製造物供給契約之價金或報酬請求權,難認有二年短期消滅時效期間規定之適用。」。

2.最高法院88年度台上字第156號民事判決判示:「……按具有承攬與買賣混合契約性質之『不動產買賣承攬』(即不動產製造物供給契約),就不動產財產權之移轉而言,不啻與民法第127條第7款所定『技師、承攬人之報酬及其墊款』為一般單純之承攬有間,故此類不動產買賣承攬之價金或報酬請求權,應無二年短期消滅時效期間規定之用。」(註4)

## 四、訴訟過程要極盡一切攻防之能事

再者,進行民事訴訟時,「原告與被告」間或「上訴人與被上訴人」間立於相對立之地位,廠商經瞭解民事訴訟雖然有審級救濟制度,但現在已採用「金字塔型的訴訟構造」,所以,於第一審時要將一切有利的「攻擊」、「防禦」方法提出,方不會造成「失權效」;又對「證據」提出或聲請更應儘早於「事實審」(第一審、第二審)」,才能對自己的訴訟有利。切勿使自己的主張,因欠缺證據,而淪於空談或臆測。

## 五、結語

綜上所述,民事訴訟是採用「當事人進行主義」、「言詞辯論主義」,廠商雖委任「律師」擔任訴訟代理人,但筆者仍建議最好到庭旁聽,並於退庭後,與律師進行約談、討論,且研究商對策,方能因自己的努力付出,而使自己之訴訟獲得有利結果的機會提高。

註1:《民法》第125條規定:請求權,因十五年間不行使而消滅。但法律所定期間較短者,依其規定。

註2:《民法》第126條規定:利息、紅利、租金、贍養費、退職金及其他一年或不及一年之定期給付債權,其各期給付請求權,因五年間不

行使而消滅。

《民法》第127條規定：下列各款請求權，因二年間不行使而消滅：

一、旅店、飲食店及娛樂場之住宿費、飲食費、座費、消費物之代價及其墊款。

二、運送費及運送人所墊之款。

三、以租賃動產為營業者之租價。

四、醫生、藥師、看護生之診費、藥費、報酬及其墊款。

五、律師、會計師、公證人之報酬及其墊款。

六、律師、會計師、公證人所收當事人物件之交還。

七、技師、承攬人之報酬及其墊款。

八、商人、製造人、手工業人所供給之商品及產物之代價。

註3：《民法》第490條規定：「Ⅰ.稱承攬者，謂當事人約定，一方為他方完成一定之工作，他方俟工作完成，給付報酬之契約。Ⅱ.約定由承攬人供給材料者，其材料之價額，推定為報酬之一部」。

註4：王國武著：政府採購契約之管理與爭議研析，頁422～423，2020年4月一版一刷，新學林出版股份有限公司。

第八篇 Chapter 8

其他

# 廠商承包公共工程應投保營造綜合保險

**Q** 政府機關是否應要求承包公共工程的廠商投保營造綜合保險？關於此類保險，承包商應注意哪些問題？

**A** 公共工程的承包，主辦工程機關一般會要求承包商投保「營造綜合保險」；而廠商於投保此類保險時，應依《工程採購廠商投保注意事項》之規定，注意下列問題：

一、投標廠商於投標前必須自行至工址現場了解施工環境，並依招標文件及本注意事項之規定詳予估算保險金額，計入工程成本。

招標文件未規定投保者，由投標廠商本於風險管理自行視需要辦理投保，並比照前項計入工程成本。

二、得標廠商應依招標文件及本注意事項之規定，於開工前投保營造綜合保險，其投保之保險公司應具有政府發給之合法證照，且於國內從事營業者，所投保之保險單應經財政部核准。

三、招標文件規定營造綜合保險應投保鄰屋倒塌、龜裂責任險者，除招標文件規定由招標機關自行委託者外，得標廠商於施工前應委託具有能力之公正第三者進行鄰屋調查，詳細載明房屋現況，其結果應報請招標機關核備。

招標機關對前項之調查結果，得提供予屋主及相關單位、人員留作查考。

四、營造綜合保險之項目及範圍應依招標文件規定辦理，其各項投保之最低保險金額，除招標文件另有規定者外，依下列規定辦理：

㈠營造工程財物損失險：為契約詳細表所列之全部施工費（扣除保險費）及供給材料費（以招標機關預算書內所列金額為準）；或為扣除保險費之契約總價（有供給材料費者應加計之）。

㈡營造工程第三人意外責任險：保險期間內最高累積責任無上限。

1.每一人體傷或死亡：新台幣二百萬元。

2.每一事故體傷或死亡：新台幣二千萬元。

3.每一事故財物損害：新台幣一千萬元。

㈢鄰屋倒塌、龜裂責任險：保險金額依個案性質，由招標機關視工程需要決定並於招標文件中規定之。

㈣其他附加保險項目：由招標機關視工程需要決定並於招標文件中規定之。

前項第㈠、㈡款之自負額，不得高於當次損失之20%，但最低得為五萬元；第㈢款之自負額不得高於總損失之5%，但最低得為十萬元。

五、營造綜合保險之保險期間，除招標文件另有規定者外，應自開工日起至驗收合格日止。

因可歸責於得標廠商之事由，在驗收合格前已屆保險期間或因保險事故發生而支付之保險金已達保險契約約定而失效時，得標廠商應自行負擔保險費辦理展期續保或加保，其辦理結果應報請招標機關核備。

六、保險單上應加註下列特約條款：

㈠應將招標機關列為被保險人之一。

㈡營造工程第三人意外責任險所指之第三人包括但不限於招標機關及其委託之監造人員。

㈢保險公司於履行賠償責任支付保險金前須先通知招標機關，招標機關得視事故之善後處理情形，自接獲通知之次日起十五日內通知保險公司支付保險金方式，如未依約定通知或未依招標機關之指示方式支付保險金時，其支付不生效力，且三年內招標機關並得拒絕接受其具保之保險單。

㈣本保險單之任何變更或終止，未經招標機關同意不生效力。

保險期間內，如必須變更被保險人時，保險公司應依招標機

關之通知辦理變更。

(五)保險公司不得以未收取保險費而自保險金中抵銷。

(六)特約條款效力優於原條款。

七、得標廠商依招標文件及本注意事項規定辦理投保，其保險費收據，應明列每項保險費用，由招標機關依契約核實給付，並以契約該項金額之額度為上限。但依工程契約約定，應由招標機關增加給付者，不在此限。

前項收據副本連同保險單正本應於辦理第一次估驗計價前送招標機關備查。

八、得標廠商於保險事故發生時應立即處理，同時協調保險公司理賠及配合辦理會勘鑑定、提供理賠資料等，其結果應儘速通知招標機關。

# 政府機關如何辦理民間參與公共建設？

**Q**

政府方面目前政策鼓勵民間參與公共建設,而民間欲參與公共建設究竟應注意哪些規定?

**A**

依《促進民間參與公共建設法》第3條的規定,促進民間參與公共建設,所稱公共建設,指下列供公眾使用或促進公共利益之建設:

一、交通建設及共同管道。

二、環境污染防治設施。

三、污水下水道、自來水及水利設施。

四、衛生福利及醫療設施。

五、社會及勞工福利設施。

六、文教及影視音設施。

七、觀光遊憩設施。

八、電業、綠能設施及公用氣體燃料設施。

九、運動設施。

十、公園綠地設施。

十一、工業、商業及科技設施。

十二、新市鎮開發。

十三、農業及資源循環再利用設施。

十四、政府廳舍設施。

十五、數位建設。

依同法第8條的規定，民間機構參與公共建設之方式如下：

一、民間機構投資新建並為營運；營運期間屆滿後，移轉該建設之所有權予政府。

二、民間機構投資興建完成後，政府無償取得所有權，並由該民間機構營運；營運期間屆滿後，營運權歸還政府。

三、民間機構投資興建完成後，政府一次或分期給付建設經費以取得所有權，並由該民間機構營運；營運期間屆滿後，營運權歸還政府。

四、民間機構投資增建、改建及修建政府現有建設並為營運；營運期間屆滿後，營運權歸還政府。

五、民間機構營運政府投資興建完成之建設，營運期間屆滿後，營運權歸還政府。

六、配合政府政策，由民間機構自行備具私有土地投資興建，擁有所有權，並自為營運或委託第三人營運。

七、其他經主管機關核定之方式。

前項各款之營運期間，由各該主辦機關於核定之計畫及投資契約中訂定之。其屬公用事業者，不受民營公用事業監督條例第19條之限制；其訂有租賃契約者，不受民法第449條、土地法第25條及國有財產法第28條之限制。

依《促進民間參與公共建設法》第11條的規定，主辦機關與民間機構簽訂投資契約，應依個案特性記載下列事項：

一、公共建設之規劃、興建、營運及移轉。

二、土地租金、權利金及費用之負擔。

三、費率及費率變更。

四、營運期間屆滿之續約。

五、風險分擔。

六、施工或經營不善之處置及關係人介入。

七、稽核、工程控管及營運品質管理。

八、爭議處理、仲裁條款及契約變更、終止。

九、其他約定事項。

# 參考書目

## 一、書籍

1. 公共工程委員會編印：政府採購申訴案例彙編㈣，民國96年4月四版，行政院公共工程委員會發行。

2. 尤英夫編著：情事變更原則在工程案件的適用——最高法院的看法，2014年1月（一版），自刊本。

3. 王伯儉等編：工程爭議問題與實務㈠，2010年12月一版，中華民國仲裁協會出版。

4. 王國武著：政府採購法之實務，2017年8月一版一刷，新學林出版公司出版。

5. 王國武著：政府採購契約之管理與爭議研析，2020年4月一版一刷，新學林出版公司出版。

6. 台北市政府工務局編輯：公共工程履約管理參考手冊，民國101年12月出版。

7. 台北市政府採購稽核小組編：政府採購錯誤行為態樣彙編（第五版），民國100年12月，台北市政府發行。

8. 行政院公共工程委員會編印：政府採購申訴案例彙編㈢，民國94年4月一版一刷，行政院公共工程委員會發行。

9. 行政院公共工程委員會編印：政府採購申訴案例彙編㈣，民國96年4月四版，行政院公共工程委員會發行。

10.行政院公共工程委員會編印：政府採購暨促參申訴案例彙編(五)，民國97年5月初版，行政院公共工程委員會發行。

11.行政院公共工程委員會編印：最有利標作業手冊，行政院公共工程委員會發行，民國92年12月修正版。

12.呂彥彬著：工程契約履約擔保制度之研究，2010年3月初版1刷，元照出版有限公司出版。

13.巫啓后編著：統包概說，民國95年6月初版，文笙書局股份有限公司出版。

14.李永然著：工程承攬契約、政府採購與仲裁實務，2016年12月四版，永然文化出版公司出版。

15.李永然著：工程爭議與解決法律實務，2011年8月三版，永然文化出版公司出版。

16.李永然著：工程及採購法律實務Q＆A，2010年7月六版，永然文化出版公司出版。

17. 李永然、張謀勝、張顥璞、陳建佑著：政府採購法律爭議實務Q&A，2014年6月初版，永然文化出版公司出版。

18.李家慶主編：工程與法律的對話，2010年1月初版一刷，三民書局發行。

19.李慶松、林念祺主編：當代營建工程暨法律，2021年1月初版第1刷，元照出版有限公司出版。

20.林炳坤著：最有利標實例精解，2010年2月初版，永然文

化出版公司出版。

21.林炳坤著：一本學會政府採購最有利標，2015年6月四版，永然文化出版公司出版。

22.林炳坤著：政府採購鑽石法則——看懂政府採購核心程序，2016年5月二版，永然文化出版公司出版。

23.林家祺著：政府採購法之救濟程序，2002年3月初版，自刊本。

24.林鴻銘、陳文全著：政府採購契約大小事，民國93年12月初版，永然文化出版公司出版。

25.林鴻銘著：政府採購法之實用權益，民國108年10月十三版，永然文化出版公司出版。

26.姚志明著：公共工程之履約，2015年8月初版第1刷，自刊本。

27.唐國盛著：政府採購法律應用篇，民國105年9月九版，永然文化出版公司出版。

28.高銘貴編：營繕工程購置財物應用法令輯要，84年6月增訂新版，主計月刊報社發行。

29.張祥暉主編：政府採購法問答集，2009年10月一版一刷，新學林出版公司出版。

30.唐國盛著：政府採購異議‧申訴‧調解實務，2010年7月二版二刷，永然文化出版公司出版。

31.陳錦芳主編：由法院判決看透政府採購契約——工程採購篇，2020年10月初版第2刷，自刊本。

32.陳錦芳主編：由法院判決看透政府採購契約——財物勞務篇，2022年3月初版第1刷，長昇法律事務所出版。

33.陳錦芳主編：政府採購法，2023年2月初版，自刊本。

34.陳櫻琴、陳希佳、黃仲宜合著：工程與法律，2010年9月二版，新文京開發股份有限公司出版。

35.曾淑瑜著：刑法分則實例研習——國家、社會法益之保護，2009年2月初版一刷，三民書局發行。

36.黃火城著：營造工程契約理論與實務，民國92年2月初版，翰伸出版有限公司出版。

37.黃宗文著：公共工程履約管理100問，2018年7月初版一刷，元照出版有限公司發行。

38.黃榮堅著：基礎法學（下），2006年9月二版第一刷，元照出版公司總經銷。

39.劉福標著：工程保險與保證，民國88年3月初版一刷，漢天下工程管理顧問有限公司發行。

40.潘秀菊著：政府採購履約爭議實務判決評析，2019年7月一版一刷，新學林出版股份有限公司出版。

41.鄧湘全、洪國華主編：政府採購之爭議處理與救濟，2022年1月初版第2刷，元照出版有限公司出版。

42.鄭雲鵬編著：公證實務DIY，民國90年8月初版，永然文化出版股份有限公司出版。

43.謝定亞著：你所不知的工程訴訟——工程司法判決研析Ⅰ，2013年3月初版第1刷，恭誠法律事務所出版。

44..中華民國仲裁協會出版：統包工程契約之理論與實務，2024年4月一版。

## 二、期刊論文

1.何文波撰：〈合約管理專業化㈠使命感與敬業精神〉，載現代營建雜誌社編印，營建管理實務㈡，頁63，民國82年11月再版。

2.李金松撰：〈營建工程契約變更的限制〉，載營造天下月刊第116期，民國94年8月25日發行。

3.李家慶撰：〈工程糾紛與仲裁實務探討〉，載商務仲裁月刊第39期，民國84年6月30日出刊。

4.林麗珍撰：〈承攬工程遲延簽發開工通知書及展延工期所生爭議之判斷〉，載中華民國仲裁協會出版：工程仲裁案例選輯Ⅱ，2003年7月一版。

5.邱蕭文撰：〈公共工程仲裁特性〉，載商務仲裁月刊第39期。

6.陳峰富撰：〈工程界面仲裁案件之爭議〉，載中華民國仲裁協會出版：工程仲裁案例選輯Ⅰ，2000年12月初版。

## 參考書目

7.陳純仁撰：〈工程之施工障礙及損害賠償之法律問題〉，載中華民國仲裁協會出版：工程仲裁案例選輯Ⅰ，2000年12月初版。

8.陳煌銘撰：〈總價承攬契約標單缺漏爭議之請求依據〉，載中華民國仲裁協會出版：工程仲裁案例選輯Ⅰ，2000年12月一版。

9.曾俊達撰：〈工程合約相互關係之探討〉，載現代營建雜誌社編印，營建管理實務㈡，民國83年1月初版。

10.黃泰鋒、陳麗嘉撰：〈工期展延補償爭議爭點試析（上）〉，載仲裁季刊第78期，民國95年7月15日出版。

11.楊熙堯撰：〈工程糾紛索賠之談判與仲裁〉，載現代營建雜誌社編印，營建管理實務㈠，民國82年11月再版。

12.廖肇昌、李慶豐、鄭清傳合撰：〈公共工程契約管理與執行〉，載營造天下月刊第118期，民國94年10月25日發行。

13.蔡秀卿撰：〈行政契約〉，載台灣行政法學會主編：行政法爭議問題研究（上），2000年12月初版一刷，五南圖書出版有限公司出版。

14.蕭江碧撰：〈公平工程契約與仲裁〉，載商務仲裁月刊第39期。

**訴訟書狀的撰擬關涉當事人之權益甚鉅，必須慎之又慎！**

## 2024年最新出版，撰狀必備良師

**訴訟書狀範例**（精裝本）（八版）　李永然主編　書號：1H09-1　1600元

向法院請求處理事務，往往須以「書狀」來表達。這些書狀的撰擬關涉當事人之權益甚鉅，倘詞稍有不當，嚴重者會影響訴訟勝負之結果；輕微者亦將鬧出極大的笑話。所以書狀的撰擬必須慎重臨之。

書狀既然如此重要，其撰寫的方式及其內容的決定，當須加以研求。本書共分五篇，除民事、刑事、行政訴書狀分別於第二、三、四篇蒐遍各類狀例詳述外，於第一篇闡述法院有關知識及書狀的種類、構成、內容、送等，並對撰狀的要領，列舉實例，分析甚詳。更為可貴的是另闢第五篇，就日常涉訟最多的十種事例，按訟的流程，列舉各階段所需之狀例，不但簡明實用，而且可使讀者明悉各種涉訟事例的處理流程。

## 看範本，訂契約，事半功倍！

**實用契約書系列**　編號：AA002-2

**1. 契約書之擬定與範例**（110年9月版）　李永然著　書號：1Y05-6　450元

本書暢銷二十年，出版超過數萬本，最新版本於今年4月發行，更新、更豐富的內容盡在其中。每一種契約都有其特點，其訂定時應注意的重點也不一，常造成當事人莫大的權益損失；況且有許多契約更涉及艱深的法律知識，若不由專業律師代擬，實非一般民眾能力所及。本書站在法律權益持平的觀點，收錄各式契約範例，包括：買賣契約、信託契約、租賃契約、和解契約、承攬契約、公寓大廈類契約、合作類契約、委任契約、婚姻契約、消費借貸契約等篇章，共數十種契約範例及其法律重點，供讀者在日常生活中現學現用。

**2. 實用契約書大全（上）**（110年4月版）

李永然、蔡仟松總策劃　書號：4H95　750元

本書共分五編，分別為：契約總論、債權債務的相關契約、物權的契約、親屬關係的相關契約、繼承的契約。民商法中各式常見契約均完整涵括在內。本書除可使讀者明白訂立契約應注意的事項並認識契約的效力外，對於已經訂立的契約，應如何爭取契約中之權利並了解應負之義務與責任，本書亦有全面性之說明，協助讀者善用法律，減少契約糾紛之發生。本文敘述方面，理論力求淺易，文字避免艱深，條分縷析力求完整，提供為數不少之具體範例。

**3. 實用契約書大全（下）**（110年4月版）

李永然、蔡仟松總策劃　書號：4H96　550元

契約書，是人與人往來溝通的憑信，在現代法理社會中更是時時可見、處處存在。一旦在契約書上簽名、蓋章，權利義務的關係立即發生。本書有全面的資料蒐集和完整的體例架構，幫助你在簽約之前做好完全的準備。本書共計六編，分別為：信託契約、商事的相關契約、智慧財產權的相關契約、行業與勞務的相關契約、中華人民共和國投資相關契約及公證與認證。民商法中各式常見契約均完整涵括在內。

**一套三冊，原價1750元，優惠價1480元**

另贈《買賣．經紀．借貸契約系列》套書（共3冊，原價770元）

永然文化出版股份有限公司　欲訂購者請來電索取信用卡購買並傳真本公司或填寫劃撥至郵局劃撥1154455-0　電話：02-23560

# 打民事官司，看這裡！

民事官司，雖然身體不用坐牢，但心理卻好似在坐牢，真是勞心又勞力。要打民事官司，首先要釐清民法之間的關係，找出有利之處，才能一舉突破窘境，得到勝訴的機會也大為提升。《民法民事訴訟權益套書》就是您打民事官司的最佳利器！

## 民法民事訴訟權益套書　編號：AA004

**1. 民事・家事官司與狀例** (111年3月版)　李永然等著　1F23-2　320元

人與人之間難免發生利益衝突，不僅糾葛之事有增無減，糾紛類型更見五花八門。協商、調解、和解、仲裁……，固然是解決紛爭的有效途徑，但萬一這些方法盡皆破局，告上法院打一場民事官司，似乎也是不得不然的終極選擇。既要訟爭，則必求勝：求勝第一訣，必以熟知民事官司進行程序為要務。本書以淺顯文字暨狀例，將民事訴訟與非訟事件中之普通訴訟、簡易訴訟、小額訴訟、法院調解、督促、財產保全、強制執行、家事事件等程序和運用法則「一舉成擒」，呈現讀者面前。

**2. 民事上審第三審撰狀實務** (111年10月版)　李永然等著　2006-2　300元

打官司不容易，上訴第三審更不容易。尤其是上訴第三審為「法律審」，同時又採「書面審理主義」，因而第三審上訴書狀的撰擬也格外重要。如何就第二審判決中找出爭點，藉以上訴第三審，就得靠真功夫了。本書即是以民事訴訟法有關上訴第三審之規定加以說明，並摘引最高法院之相關判決、判例，以及該院對於判決有無違背法令的審查原則；同時輯錄數則真實案例，引用該等案例的上訴理由狀、最高法院判決全文等，並說明撰狀要領。抓住要領，就是擁有上訴第三審的最好裝備！

**3. 輕鬆學民法** (104年10月版)　楊冀華著　2B17-4　380元

民法與一般人的生活最是密不可分，受到經濟、社會環境變遷的影響，我國亦在這十幾、二十年與時俱進，作了大幅度的修正。一千二百條的民法，究竟規範了些什麼？你的買賣、借貸、租賃、旅遊、婚姻、繼承、承攬、僱傭、代理權……，千百種問題，能不能在民法中對號入座，找到適用的法條與解答？讀法律，不必繃緊神經，這堂課，教你「輕鬆學民法」。

《民法民事訴訟權益套書》
一套三冊，原價 1000 元
優惠價 **750** 元

另贈《看懂民法及民事訴訟套書》
（一套四冊，原價 1310 元）

### 贈・書・區

**看懂民法及民事訴訟套書**　編號：PRE003

1. 民事官司，看圖一點通 (96年4月版)　林宜君　2U05　220元
2. 民法概要 (94年10月版)　李後政　2V08　460元
3. 民法總整理 (88年12月版)　毛國樑等　1I02　280元
4. 民事訴訟法與你 (96年2月版)　李沅樺　2B06-1　350元

一套四冊，原價1310元

永然文化出版股份有限公司　欲訂購者請來電索取信用卡購單並傳真本公司或填寫劃撥單至郵局劃撥1154455-0　電話：02-23560809

# 訂定契約的最佳幫手

生活中處處可見「契約」的痕跡，只不過有的口頭說說，有的則是以書面呈現。只要一方向另一方表示這樣那樣的意思，另一方表示同意，即成立契約，當事人間也因此產生權利義務關係。許多人因不了解契約，筆拿來就往紙上一簽，卻不知簽下的契約將會造成何種損失。或是訂個模擬兩可的契約，但發生糾紛時，才發現該訂的都沒訂到，還到上法院打官司。由此可見，訂立一份周延的契約是多麼重要了。本套書即網羅常見的商務契約，是訂定契約的最佳幫手！

## 商務契約訂定與糾紛解決 (2022/01版)　李永然等著　定價：320元

在現今的商業交易行為中，僅「口頭承諾」，恐乏「證據」，自有透過「書面契約」的訂立而確立彼此之間法律關係的需要，進而釐清雙方彼此的權利義務。因此，要想訂立一份合格的書面商務契約，雙方當事人必須了解相關法律規定。本書蒐錄近數十種常見商務契約，以律師的專業，「案例」、「擬約要點」、「契約範例」三階段撰寫模式，讓讀者輕鬆掌握簽約要領。並為解決商務糾紛，本書不但解析多種解決方案，同時提供多則商務契約相關狀例，做為解決商務契約所引起的糾紛。

## 商業交易管理的法律實務操作——從商務契約的構思與起草談起 (2019/11版)　李永然、黃隆豐著　定價：350元

本書除探討商業契約擬定的要點等總論外，並列舉較為常見且不太複雜的五類商務交易，分為「商務合作交易」、「委託經營」、「商業租賃」、「公司併購」、「建案危機處理交易」。詳述此等交易中，所衍生訂約過程，及商業律師如何解決各項爭議與提供讓雙方接受的議案，並將所擬定的契約，加以分析其法律性質，與法律設計的思考，最後再將所草擬的契約內容，提供參考。

## 旅館餐飲企業交易管理法律操作——旅館餐飲商務契約與範例 (2023/08版)　李永然、黃隆豐著　定價：420元

旅館餐飲業從籌劃、經營場所取得到開幕經營，都得有層次分明的管理能力，方能建構順暢的營運環境。而旅館餐飲的法務工作，便是業者能否順暢營運的左輔右弼了。本書乃針對旅館與餐飲業的法務作業分篇討論敘述，並依照營運順序，網羅了各式交易案例，予以介紹討論。同時，也對契約爭議提出解決之道，其中更介紹了目前討論最多的商業事件審理法。豐富的實務經驗解析與實例契約範例參考，本書將是旅館餐飲業者法律實務上的最佳幫手。

**商務契約法律實用系列**　編號：AA007

一套三冊，原價1090元，優惠價**870**元，
另贈《買賣.經紀.借貸契約系列》套書（一套三冊，原價770元）

**永然文化出版股份有限公司**
電話：(02)23560809　欲訂購者請來電索取信用卡訂購單傳真本公司或至郵局劃撥1154455-0

# 保全證據第一步──存證信函

發生法律問題時,運用存證信函主張自己的權益相當有效,因為存證信函可當作證據,於日後訴訟時可作為重要證據,而且一般人在收到存證信函時,多認為對方準備採取法律手段,因為怕麻煩或心生畏懼而主動出面求和,糾紛就在短時間內解決了。但如何撰寫一封存證信函仍讓許多人頭痛,本套書點出解決糾紛的法律關鍵點、主張方式……等,並提供多則範本,讓你輕鬆上手。

## 存證信函法律實務系列　編號:AA008

### 1.存證信函必學範本 (2007/03版)　林國泰著　1F18-1
定價:300元

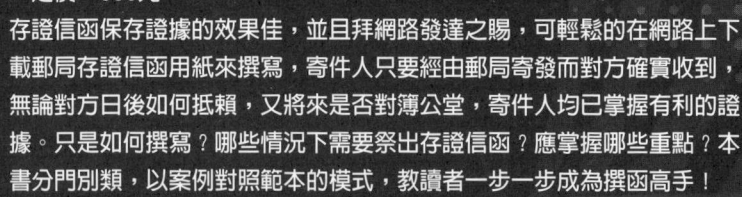

存證信函保存證據的效果佳,並且拜網路發達之賜,可輕鬆的在網路上下載郵局存證信函用紙來撰寫,寄件人只要經由郵局寄發而對方確實收到,無論對方日後如何抵賴,又將來是否對簿公堂,寄件人均已掌握有利的證據。只是如何撰寫?哪些情況下需要祭出存證信函?應掌握哪些重點?本書分門別類,以案例對照範本的模式,教讀者一步一步成為撰函高手!

### 2.自撰存證信函之租賃糾紛 (2002/09版)　孫慧敏、趙國麟合著　1C25
定價:200元

租賃所衍生的問題爭議多,而這些爭議有許多須經由法院訴訟程序才能定訟止爭,倘若事先多保留物證,可讓爭議事件更易於釐清其權利義務關係。存證信函即具有達到發函催告、保全證據之效果,本書作者以案例列舉的方式,點明糾紛問題,再撰擬存證信函,供讀者自行運用,是一本淺顯又能實際幫助有房地租賃糾紛的讀者解決問題的有效圖書。

### 3.自撰存證信函之債務糾紛篇 (2007/03版)　葉宜婷著　2N13
定價:250元

本書以現今最多的法律問題──債務糾紛為主軸,由作者將各類債權債務爭執,逐一撰寫成存證信函作為範例,供讀者參考、模擬,讓讀者依自己的問題循標題仿照範例,即可輕易的寫好一封順暢、有用的存證信函。

**一套3冊,原價750元,優惠價 500 元,**

另贈《買賣.經紀.借貸契約系列》套書(共3冊,原價770元)

**永然文化出版股份有限公司**　欲訂購者請來電索取信用卡訂購單或填寫劃撥單至郵局劃撥1154455-0
電話:02-23560809傳真:02-23915811

**採購營繕投標法律系列 12**

## 政府採購法律解析與爭議解決 (2M12)

作者：李永然
出版：永然文化出版股份有限公司
創辦人：李永然博士
董事長：黃淑嬪地政士
主編：吳旻錚
地址：台北市中正區羅斯福路2段9號7樓
電話：(02)2391-5828
傳真機：(02)2391-5811
郵撥帳號：1154455-0
郵撥帳戶：永然文化出版股份有限公司
團體購書專線：永然文化(02)2356-0809
初版日期：中華民國113年11月（2024/11）
法律顧問：永然聯合法律事務所（台北所・桃園所・高雄所）
電話：(02)2395-6989・(03)357-5095・(07)216-0588
地政顧問：永然地政士聯合事務所李廷鈞地政士
電話：(02)2395-6989
商標專利顧問：亞信國際專利商標事務所
電話：(02)2751-3864
製版印刷：竹陞印刷製版有限公司
門市總經銷：旭昇圖書有限公司
電話：(02)2245-1480
定價：350元
ISBN：978-957-485-521-6
永然文化官網：http://book.law119.com.tw/
(Printed in Taiwan)

**出版聲明：**
本書內容僅提供一般之法律知識，並不作為個案的法律意見；特定、專業的建議只限於某些特定之情況下，若需進一步商討案情，請洽永然聯合法律事務所承辦。

**版權聲明：**
本書有著作權，未獲書面同意，任何人不得以印刷、影印、磁碟、照像、錄影、錄音之任何翻製（印）方式，翻製（印）本書之部分或全部內容，否則依法嚴究。

**定價聲明：**
本書定價係本出版公司之銷售價格，買受人如有轉售之情形，其售價不受本定價之限制，得自由決定。（依公平交易法第18條規定）
※本書如有缺頁、破損、裝訂錯誤，請寄回本公司更換。

國家圖書館出版品預行編目(CIP)資料

政府採購法律解析與爭議解決 / 李永然著
初版. -- 臺北市：永然文化出版股份有限
民113.11
　面；公分. --（採購營繕投標法律系列）
ISBN 978-957-485-521-6（平裝）

1.CST: 政府採購　2.CST: 公共財務法規

564.72023　　　　　　　　　　11301

**想要了解法律嗎？**
加入永然文化FB粉絲團或部落格就可以了！

歡迎加入永然文化 f 粉絲團
https://www.facebook.com/book.law119

永然文化部落格
http://booklaw119.pixnet.net/blog